기업적인 사회, 테라피적인 사회

기업적인 사회, 테라피적인 사회

— 누가 만든 사회이고, 누구를 위한 사회인가?—

오자와 켄지 지음
박동섭 옮김

서현사

한국어판 서문

《기업적인 사회, 테라피적인 사회》는 2005년부터 제가 연재로 발표하고 있는 동화 《우사기》의 한 토막으로서 2007년에 발표된 작품입니다. 전체적으로 봤을 때는 비록 《우사기》의 한 토막이지만 '완결된' 이야기이기 때문에 《우사기》 본편을 모르시는 분이라도 쉽게 읽을 수 있을 거라 생각합니다. 저의 친구는 이 한 토막이 《우사기》 본편을 위한 길잡이 역할을 톡톡히 해주어서 가장 이해하기 쉬웠다고 나름의 감상을 들려주었습니다.

이번에 인연이 닿아 이 책의 한국어판이 출판되게 된 것을 매우 기쁘게 생각합니다.

저는 대중음악 분야에서 오래 일하는 동안 관심분야를 음악과 예술에만 한정짓지 않고 심리학에도 많은 흥미를 갖고 있었습니다. 제 주위에도 순수한 호기심에서 출발하여 급기야는 대학에서 심리학을 전공하여, 자격증을 취득한 후 관련 분야에서 일을 하고 계신 분이 많이 있습니다.

그런 개인사를 가지고 있는 분 중에는 혹여 이 이야기를 불쾌하게 생각하는 분이 있을 지도 모릅니다. 이 이야기를 읽고 반사적으로 '나의 일과 나의 인생이 모두 비판을 받고 있다.'

고 느끼는 분이 있을지도 모릅니다.

그렇게 느꼈다고 한다면 한 가지 부탁을 드리고 싶습니다. 이 이야기 속에서 우사기와 그의 친구들이 묻고 있는 것은 여러분 '개인의 역사'가 아니라 세계 도처에 살고 있는 우리들이 함께 갖고 있는 '사회의 역사'라는 것을 알아주셨으면 합니다.

우리들 한 사람 한 사람은 정말로 작은 존재로 오랜 역사라는 시간 속의 한 순간에 그리고 거대한 사회 속에서 조그마한 공간을 차지하고 살고 있습니다. 이 이야기는 우리들 한 사람 한 사람이 차지하는 작은 공간, 소위 '개인'이라고 불리는 것을 주제로 한 것이 아닙니다. 즉, 나무 하나 하나가 아니라 나무들이 살고 있는 숲과 같이 큰 사회의 어떤 일부분을 탐험한 것입니다.

탐험하는 회중전등의 빛이 여러분들의 근처에 왔다고 해서 화를 내지는 말아 주세요. 오히려 "저 회중전등의 빛은 무엇을 비추고 있는 것일까?"라고 호기심을 갖고 창 너머를 응시해 주셨으면 하는 바람입니다.

심리학을 전공하고 심리학 관련 일을 하고 계신 분들이 느꼈음직한 반사적인 불쾌감은 NPO 등 사회적으로 양심적인 조직과 관계를 맺고 있는 분도 느낄지 모릅니다. 탐험의 빛은 그 쪽도 향하고 있습니다. 그 분야에 계신 분들도 우사기와 그의 친구들을 침입자라고 생각해서 그들을 적대적인 시각으로 대하지는 말기 바랍니다.

냉정하게 읽다 보면 이 이야기가 비추어 주는 '사회'라는 큰 숲의 성립과 그 생태계가 바뀌고 있다는 것, 그것이 우리들 작디 작은 존재에 미치는 영향 같은 것을 흥미롭게 볼 수 있게 되지 않을까 생각합니다.

그런데 심리학과 광고, 매니지먼트와 NPO, 역사학과 군사사업 등의 일을 하시는 분들 중에는 이 이야기를 읽고 불쾌감이 아니라 오히려 유쾌함을 맛보게 되어서 웃음을 터뜨리는 분도 계시지 않을까 생각합니다. 그런 분이 있다면 반가움을 전하고 싶습니다.

이 이야기를 읽고 "맞다 맞아"라고 웃는 분, "과연 그렇군" 하고 생각하는 분 그런 분들은 우리들 친구입니다.

여하튼 어떤 삶을 살고 있는 분이라도 이 이야기가 비추어 주는 빛 속에서 무엇인가가 보였다 라는 순간이 한번이라도 있으면 친구분들에게 그리고 저에게도 알려주세요. 우사기와 그의 친구들에게도 전할테니까요…….

그런데 이《기업적인 사회, 테라피적인 사회》단행본과《우사기》의 제1화부터 제18화까지를 모은 3권으로 된 책은 일본에서는 저의 콘서트장과 친구들이 일하는 곳에서만 판매를 했을 뿐 현재 일반 서점과 인터넷에서는 판매하지 않고 있습니다.

역시 음악과《우사기》를 함께 드릴 수 있으면 그것이 제일 좋을 것이고, 혹은 친구의 손을 빌려서 드리는 것도 좋다고 생각합니다.

한편 큰 서점의 사회학과 심리학 코너에 '글로벌 경제를 생각하기' 라든지 '심리학이란 무엇인가?'와 같은 종류의 책 사이에 섞여서 《우사기》가 꽂혀 있는 광경을 상상해 보니까 "음 … 그래도 될까?"라고 생각에 잠기게 됩니다.

이 책의 마지막 부분에는 물론 많은 서적과 논문이 참고문헌으로 제시되어 있습니다만 이 책의 고향은 서적과 논문이 아닙니다. 이 책이 태어난 고향에서는 대중음악이 연주되거나, 패션잡지의 사진촬영이 이루어지거나, TV방송 협의회가 이루어지고 있습니다.

혹은 이 책이 태어난 고향에서는 다이너마이트가 던져지고, 노래가 불러지고, 술을 대접하고, 눈물이 흘러내리고, 꽃이 바쳐지고, 경찰이 방어선을 치고, 할머니가 손자에게 옛날 이야기를 들려주고, 아이들이 뛰어 다니고 있습니다.

다르게 표현하자면 이 책은 저와 너무나 친하고 잘 알고 있는 잡다한 것 안에서 태어났습니다.

그러한 《우사기》의 배경이 한국의 서점에서 갑자기 이 책을 만난 당신에게는 전해지지 않을지도 모르기 때문에 독선적인 표현으로 그쳐 버릴 수도 있을겁니다만……. 그래서 잠시 전하도록 하겠습니다.

앞으로 혹여 《우사기》를 일본의 서점에서 구입할 수 있게 될지 모르겠습니다만 현재는 일반 서점에서 볼 수 있는 것은 이 한국어판 뿐입니다.

그렇지만 《우사기》는 다행히도 충분히 많은 현명한 분들을 만나서 깊게 읽히고 있다는 느낌을 저는 갖고 있습니다. 그 분들의 웅성거림, 꿈틀거림 덕분에 이 한국어판도 태어나게 되었다고 생각합니다. 그 분들에게 이 장을 빌려서 우정 어린 감사의 말씀을 전합니다.

《기업적인 사회, 테라피적인 사회》가 발표된 2007년부터 지금까지 생각해보면 세계는 놀랄 만큼 많은 중요한 일이 있었습니다.

이 책의 내용 중에 "혁명은 언제나 거기에 있어서 권력자들은 그 가능성에 두려워하면서 깊이 잠들지 못한다"는 대목이 있습니다만 이 4년간을 돌아보는 것만으로도 "정말로 그랬지"라고 새삼 생각하게 됩니다.

용암이 꿈틀거리는 이 시기에 이 작품에 흥미를 갖고 한국어판 출판을 의뢰해 주신 박동섭 선생에게 깊이 감사드립니다.

자 이제 이야기가 시작됩니다. 다 읽고 났을 때 뭔가 새롭고 예리한 감각이 여러분을 찾아왔으면 하는 바람입니다.

로스엔젤레스에서 2011년 9월 18일

오자와 켄지

小沢健二

역자서문

제가 대학에서 가르치는 교육심리학 수강생들에게 수업 첫 시간 이런 질문을 던져 보았습니다.

"이 수업을 듣기 전까지 심리학 관련 과목을 들어봤거나 심리학 관련 도서를 읽어본 적이 있는 사람 있습니까?"

그러자 예상했던 대로 거의 대부분의 학생들로부터 그런 경험이 없다는 대답이 돌아왔습니다.

학생들의 반응을 살피고 나서 나는 다음과 같이 그들의 반응에 화답을 해주었습니다.

"지금까지 단 한 번도 심리학이라는 과목을 들어본 적이 없거나 심리학 관련 도서를 읽어본 적이 없는 사람들이라도 여러분들 중 거의 대부분이 심리학자들만큼 정교하지는 않겠지만 '사람'과 '사람의 마음'과 그리고 '세계'를 보는 방식과 똑같은 방식으로 그것들을 보고 있다."고.

저의 화답에 수강생 전원이

"이 선생님이 도대체 무슨 이야기를 하고 계신거야?"라는 표정을 짓습니다.

그 혼란의 틈새에서 나는 다시 이렇게 묻습니다.

"여러분들 중에서 남학생인 경우 지금까지 어떻게 하면 '남자'가 되는지 즉 '남자가 되는 법'을 구체적으로 배워 본 사람 있나요? 그리고 여학생인 경우 '여자가 되는 법'이라는 강좌를 들어 본 적이 있나요?"

저의 이런 물음에 대해서 반수 정도의 학생들은 표정이 바뀌면서 "아, 이 수업이 지금까지 자신이 들어봤던 수업과 뭔가가 다른 것 같다."라는 느낌을 저에게 전해줍니다. 물론 여전히 반수 정도의 학생들은 계속 의아한 표정을 짓거나 고개를 숙이고 있습니다.

전체 학생들의 표정을 살피면서 저는 또 이렇게 묻습니다.

"여러분들이 지금까지 살면서 한국 사람이 되는 법을 배운 적이 있나요? 혹은 한국 사람이 되는 법을 가르쳐주는 강좌 같은 걸 들어본 적이 있나요?"

그리고 마지막으로 이런 물음을 던집니다.

"여러분들 중에서 ○○대학교 학생이 되는 법을 가르쳐 주는 강좌를 들어본 사람이 있나요?"

이 정도까지 이야기가 전개되면 대다수의 학생들이 '아니다.'라고 고개를 세차게 가로 저으면서 자세를 고쳐 앉는 등 수업에 적극적으로 참여하기 시작합니다.

이제부터는 제가 적극적으로 나설 차례입니다.

남자가 되는 법을 한 번도 배운 적이 없다 하더라도 이처럼 누가 보더라도 남자가 되어 있고, 앞으로 그것을 유지하는 것도 전혀 문제가 없는 것처럼 여자도 마찬가지고 한국 사람이 되는 법 혹은 ○○대학교 학생이 되는 법을 단 한 번도 배운 적이 없더라도 여러분은 어느새 한국 사람 그리고 ○○대학교 학생이 되어 있습니다. 심리학도 그런 겁니다. 지금까지 살아오면서 단 한 번도 심리학을 의식적으로 배우지 않았다고 하더라도 심리학적인 시각으로 사람과 사람의 마음 그리고 세상을 보는 방법을 은연중에 자신도 모르는 사이에 배우게 된 거죠.

그럼 은연중에 배우는 그 관점에 대해 누가 가르쳐 줬을까요? 심리학 강의를 단 한 번도 들어본 적이 없다고 하니까 심리학자가 직접 가르쳐 준 것은 아닐테고……. 그 가르침을 준 선생이 너무 많아서 일일이 열거하기가 어렵겠지만 대중매체, 학교, 책 그리고 우리 이웃들이 대표적인 선생이라고 할 수 있죠. 그런데 은연중에 배우다 보니까 누가 가르쳐 준 것도 모르고 더군다나 배운다는 생각을 하지 않고 무의식중에 배우다 보니까 배웠다는 사실 조차 자각하지 못하고 있는 거죠.

이번에 인연이 닿아서 제가 번역하게 된 가수겸 환경 운동가로 활동 중인 오자와 켄지의《기업적인 사회, 테라피적인 사회》는 다름 아닌 이렇게 은연중에 배우게 되어서, 배웠다는 사실조차 자각하지 못할 정도로 우리가 평소에 '당연한 것'으로 여기는 것에 대해 당연하다고 생각하기 때문에 오히려 그것이 과연 옳은 것인가? 라고 철저히 따져 묻기를 선동하고 부추기는 책입니다.

그런데 이 책의 제목을 처음 봤을 때 저는 세계가 신자유주의의 파도 속에 휩쓸리고 있는 작금 비즈니스분야는 물론이거니와 교육, 의료, 복지와 같은 사회 전 분야에서 '기업화' 혹은 '상품화'가 이루어지고 있는 것에 대한 대항마로서 '테라피적 사회' 구상의 필요성을 저자가 역설하고 있다고 생각하였습니다.

독자 여러분들 중에는 제목만 보고는 저와 비슷한 생각을 갖고 계신 분들이 꽤 있을 거라고 생각합니다. 그런데 책을 읽다보니까 그것이 아니라 '기업'과 '테라피' 양자는 표리일체가 되어서 책 속에 등장하는 괴물 같은 존재인 '회색'이 바라는 사회를 만드는데 일등공신의 역할을 하고 있다는 것을 알게 되었습니다.

양자의 표리일체에 대해서 본문의 내용을 잠시 빌려서 부언설명을 하자면, 예컨대 자동차 기업이 자동차를 대량으로 생산해준 덕분에 현대인은 자동차가 없었던 과거에는 생각지도 못한 편리한 생활을 누릴 수 있게 되었습니다.

그러나 자동차가 연일 내뿜는 매연으로 인해 오존층은 점차 파괴되고, 지구는 온난화 현상이 가속화되고, 그 영향으로 북극의 얼음이 녹아내리는 현상을 접하게 되고, 지구의 장래를 걱정하는 목소리가 그 어느 때보다 높아지게 되었습니다. 돈벌기에만 혈안이 된 '기업화된 사회' 덕분에 말이죠.

그런데 자동차 기업은 사람들의 지구환경에 대한 우려와 기업의 무분별한 이윤 추구에 대한 원성을 잠재우기 위해서 한 가지 방법을 고안하게 됩니다. 그것은 '기업화된 사회'는 그

대로 유지하면서 사람들의 우려와 원성을 누그러뜨리고 완화시키는데 적격이라고 생각하는 '심리학'에 기반한 '테라피적'인 방법을 동원하는 것이죠. 그게 다름 아닌 이른바 환경을 생각한다고 하는 요즘 유행하는 하이브리드카 혹은 친환경자동차 같은 것입니다. 자동차 기업은 그러한 자동차를 대대적으로 광고하면서 사람들에게 "나는 하이브리드카를 타고 다니니까 환경보호에 기여하고 있어"라고 생각하게끔 만드는 것이죠. 그런데 이 이야기에 등장하는 세 명의 주인공 우사기, 퀼 그리고 키라라라는 소년, 소녀들은 이른바 '친환경자동차'라는 슬로건이 실은 말과 뜻이 따로 놀고 있음을 그리고 문자와 대상이 겉돌고 있음을 적나라하게 폭로합니다. 즉, 수소를 연료로 사용하는 자동차이든 전기를 동력으로 사용하는 자동차이든 심지어는 최근 개발 중에 있다고 알려진 물로 달리는 자동차이든 결국 자동차를 만드는 것 자체가 환경파괴의 주범이기 때문에 결코 친환경이 될 수 없음을 우리에게 일깨워줍니다.

연이어 세 명의 주인공은 기업적인 사회지향과 테라피적인 사회지향의 절묘한 결합으로 탄생한 '친환경자동차'의 슬로건을 만든 원류 중 하나가 경영학자인 피터 드러커와 심리학자인 아브라함 매슬로우와 칼 로저스라는 불편한 진실까지 우리들에게 들려줍니다.

이런 식으로 이야기는 경영학 및 경제학에 대한 비판, 심리학 비판, 그리고 그러한 학문의 중심에 서 있는 세계적인 경영학자인 피터 드러커에 대한 비판, 우리에게 인본주의심리학자로 알려진 아브라함 매슬로우와 칼 로저스에 대한 비판이 실증적인 자료에 입각해서 전개됩니다. 이어서 권력 및 돈과 뗄래야 뗄 수 없는 미디어에 대한 비판, 선의로 알려져 있는 NGO 및 NPO에 대한 비판 등이 계속 이어집니다.

번역의 정교화를 기하기 위해 저자의 글을 수십 차례 고쳐 읽어본 저는 그가 철두철미하게 '현재의 이야기꾼' 이라는 사실을 감지하게 되었습니다. 여기서 말하는 '현재의 이야기꾼' 이라 함은 단지 우리 눈앞에서 펼쳐지는 구체적이고 실제적인 문제를 포착해서 이야기를 들려준다는 것만을 의미하는 것이 아닙니다. 그 뿐만 아니라 지금 우리가 당연하다고 생각하는 '현재' 혹은 '보통' 이라는 것이 원래부터 그랬던 것이 아니라 역사와 정치 그리고 권력이 결합된 산물이라는 사실을 알기 쉽고 신선한 말로 풀어주는 이야기꾼이라는 것도 동시에 뜻합니다.

이런 저자의 이야기에 귀를 기울이다 보면 우리가 이 지구촌화된 사회에서 어떻게 사는 것이 사람답게 사는 것인지 그리고 어떤 생각을 갖는 것이 내가 발에 땅을 딛고 있는 나의 삶터를 위하고 내 주위의 이웃들을 위하는 것인지에 대해서 소박하지만 그래서 한결 더 중요한 힌트를 찾을 수 있지 않을까 생각합니다.

어쩌면 우리에게는 우리 주위에서 일어나고 있는 일들을 제대로 포착하고 담아낼 수 있는 말이 많이 부족한지도 모릅니다. 그러다 보니 이 세계에서는 우리가 갖고 있는 기존의 상투적인 어휘꾸러미로 담아낼 수 있는 사태는 엉겁결에 동원되곤 하는 말들에 의해 실재한 것으로 간주되지만 그 어휘꾸러미의 범위를 벗어나는 일에 대해서는 애당초 있다는 것조차 모르고 지나가기가 일쑤입니다. 즉, 설령 정말로 있었다 하더라도 그것을 담아낼 수 있는 말꾸러미가 없다 보면 누구든 그것이 현실에 일어났다고 믿지 않는 것입니다.

저자는 역자의 연구주제이기도 한 우리가 '당연한 것' 혹은 '보통'이라는 것에 속수무책으로 묶여 있다 보니 그것들과는 이질적이거나 혹은 바깥에 있는 것들을 멀리하고 배제하는 모놀로그 세계에 갇혀 살고 있음을 집요할 정도로 환기시켜 줍니다. 그 환기의 방법은 낡은 어휘 꾸러미와 상투적 문구들을 통해서가 아니라 참신하고 때로는 충격적인 어휘를 통해서입니다. 그러한 말들을 통해서 그가 우리들에게 보여주는 세계는 분명 여러분들이 이전에 알고 있었던 세계와는 다를 것입니다.

세계적인 문호 빅토르 위고는 다음과 같이 말하였습니다.

> 미숙한 영혼의 소유자는 그 자신의 사랑을 세계 속 특정한 하나의 장소에 고정시킨다. 강인한 자는 그의 사랑을 모든 장소에 미치고자 한다. 그러나 완벽한 자는 그 자신의 장소를 없애 버린다.

자신이 모놀로그 세계에 갇혀 있다는 것을 자각하고 반성하고 다이얼로그 세계에 접어드는 것은 우리들이 통상 행하는 경영학, 심리학, 경제학 혹은 교육학같이 학문적 영역 구분을 통해, 자신의 생각을 특정한 하나의 장소에 고정시키는 것을 통해서는 이루어질 수 없습니다. 다이얼로그 세계로 들어가는 티켓을 거머쥐는 것은 각 영역의 경계를 허물어뜨리는 것뿐만 아니라 저잣거리에서 흔히 만날 수 있는 박씨와 김씨 같은 필부들과의 스스럼없는 대화를 통해서 결국에는 자신의 장소를 없애 버리는 실천을 통해서야 비로소 가능할 것입니다.

이 책은 바로 그 다이얼로그 세계로 우리들을 초대하고 있습니다.

책 번역에 많은 분들이 도움이 있었습니다. 먼저 저자의 어머니이면서 역자의 번역서인 《심리학은 아이들 편인가?》의 저자인 오자와 마키코 선생에게 감사의 말씀을 전합니다.

오자와 켄지의 콘서트 장에서만 책을 판매하여 책을 구하기가 무척이나 어려웠습니다만 책도 구해서 보내주시고 저자와의 번역계약을 성사시키는데 있어서 결정적으로 중요한 도움을 주셨습니다. 그리고 이 책의 부록에 있는 2편의 글 〈엄마의 고독〉과 《심리학은 아이들 편인가?》 한국 강연원고의 게재를 흔쾌히 허락해주신 점 더불어 감사의 말씀을 전합니다.

그리고 오자와 켄지가 소속되어 있는 도어 노크(door knock) 레코드사의 다카다씨에게 이 자리를 빌려 감사의 말씀을 전합니다. 번역계약서 작성부터 저자와의 연락책을 맡아주시고, 역자의 능력을 벗어나는 본문의 내용 이해에 많은 도움을 주셨습니다.

더불어 늘 묵묵히 뒤에서 역자의 뒷바라지에 전념하고 있는 아내와 책 집필, 논문 글쓰기 등을 핑계로 평소에 제대로 놀아주지도 못하고 대화도 잘 못 나누는 아들과 딸 성준과 경령에게 고맙고 미안한 마음을 함께 전합니다.

끝으로 역자가 가장 편하게 소주잔을 기울일 수 있는 몇 안 되는 지인 중이 한 사람인 시현사 소재성 사장님께 감사의 마음을 전합니다. 좋은 번역서를 만들어 내기 위해 역자의 거친 번역을 유려하고 독자들에게 쉽게 다가가기 위한 알기 쉬운 문장으로 바꾸어 주시느라 고군분투하신 점 잘 알고 있습니다. 《기업적인 사회, 테라피적인 사회》가 되지 않도록 그리고 회색이 활개치는 사회가 되지 않도록 하는 새로운 디자인된 현실 만들기에 더할 나위 없는 동반자인 사장님께 깊은 감사의 말씀을 드립니다.

2011년 10월의 어느 날

역자 박동섭

| 차례 |

미리읽기

《기업적인 사회, 테라피적인 사회》

《기업적인 사회, 테라피적인 사회》는 저자인 오자와 켄지의 아버지 오자와 토시오가 운영하는 《아이와 옛날 이야기(子ども昔話; Children and Folktales)》라는 잡지에 연재되고 있는 《우사기》라는 동화의 번외편입니다. 오자와 켄지는 2007년 1월에 일본 사회임상심리학회에 참석해서 이 주제로 발표를 하고 발표한 글은 동년 3월에 발행된 《사회임상잡지》 제14권 제3호에 실렸습니다.

2010년 개최된 본인의 전국 콘서트 투어에서 그 동안 연재되었던 우사기 18화(3권 1세트)를 수록한 책을 판매하였는데 그 때 이 《기업적인 사회, 테라피적인 사회》도 별책본으로서 함께 판매가 이루어졌습니다.

'콜탄'이라는 광물을 정제하면 고온에서 잘 견디는 '탄탈'이라는 금속 분말이 나오는데, 이 탄탈은 우리가 늘 쓰는 휴대폰과 노트북 그리고 제트엔진 등에 쓰인다고 합니다. 《우사기》에는 이 '콜탄'의 80%가 매장되어 있는 아프리카의 콩고에서 그 콜탄을 서로 차지하기 위해서 연일 벌어지고 있는 살상과 같은 야만적인 사태를 고발하는 이야기도 등장합니다. 그러나 18편까지 이어지는 내용의 주된 흐름은 회색과 동산국 사람들의 물을 둘러싼 싸움 이야기입니다. 왜 싸움이 물을 둘러싸고 일어났는가 하면 물 없이는 사람도 식물도 동물들도 살아갈 수 없기 때문입니다. 회색은 물 없이는 모든 생명체가 살아 갈 수 없기 때문에 물을 '커다란 돈의 혼'의 중심 상품으로 만들면 좋겠다고 늘 생각했습니다. 회색은 모든 사람이 하는 모든 일을 서둘러 '커다란 돈의 혼'에 연결지으려고 합니다. 노는 것, 배우는 것, 일 찾기, 지하철 타기, 가스와 석유 사용하기, 파종하기, 전기를 켜거나 노인 돌보기, 건강을 걱정하거나 물건을 배달하거나 선거를 하거나……. 그리고 물을 마시거나 손을 씻는 것은 누구나 매일 해야 하는 것입니다. 페트병에 들어 있는 물은 많이 팔렸습니다. 처음에는 어딘가 산에서 길러온 물이 나왔다고 생각했는데 언제부터인가 어디서 왔는지 알 수 없는 '우주의 물', '피라니아의 물' 등 정체를 알 수 없는 이름의 물이 모든 상점의 냉장고를 가득 채우게 되었습니다.

회색이 만들어내는 세계에서는 언제나 처음엔 멋진 이미지의 물건이 나오고, 좀 시간이 지나면 거대한 제면기가 문제를 일으켜 면이 공장 전체를 꽉 메우는 것처럼 똑같은 물건이 마을 전체에 넘쳐나게 되었습니다. 정체를 알 수 없는 물은 회색이 음료수를 만드는 대기업을 가난한 나라에 들어오게 해서 한 개의 공장에서 하루에 몇 만 리터나 뽑아낸 물이었습니다. 회색이 계속해서 여기저기 공장을 지어 마구 지하수를 퍼올리다 보니까 공장 근처에 사는 농민들의 우물은 말라버리고 게다가 수위가 내려간 지하수에 오수와 해수가 흘러들어오게 되었습니다. 그런데 회색은 이젠 물을 페트병에 넣는 것도 귀찮아졌습니다. 회색은 세계 도처에 사람들이 만들어 놓은 수도와 용수로를 빼앗아서 수도요금을 올리는 편이 돈을 빨리 버는 지름길이라고 생각하기에 이르게 되었습니다.

회색의 논리는 이러했습니다. '병에 걸려서 죽게 되면 얼토당토 않게 비싼 약이라도 사겠죠? 똑같습니다. 물이 없으면 사람들은 죽기 때문에 수돗물의 가격은 터무니없이 비싸도 괜찮습니다.'

회색의 논리는 언제나 확실히 앞뒤가 맞는 것 같은데 그래도 뭔가 크게 이상했습니다.

《기업적인 사회, 테라피적인 사회》는 그 이야기의 등장인물인 우사기, 퀄, 키라라가 자신들이 살고 있는 '그림책 나라'를 떠나서 '동산국'으로 가서 거기 있는 사람들과 만나고 대화하고 거기서 살고 있는 사람들의 모습을 눈으로 보고 몸으로 느낀 점을 대화 형식으로 꾸민 것입니다.

등장하는 나라 및 도시

동산국: 모델은 볼리비아. 동(銅, 구리)의 생산량이 많다는 데서 붙여진 이름이라고 보여집니다.

평화시: 본문에 등장하는 도시로 사실상의 수도인 라파스(La Paz-헌법상의 수도는 수크레)가 모델입니다. 라파스는 스페인어로 '평화'를 의미합니다.

우사기 제3화에서 '토지의 풍경도 떠오르지 않는 이름'이라고 나오듯이 이것은 16세기에 스페인이 새로운 도시로서 명명한 것으로 물론 토착의 말은 아닙니다. 이 지역은 본래 '츄키아포(황금의 농장)'라고 불렸습니다.

라파스: 티티카카호수 동쪽 80km 지점에 있는 볼리비아의 사실상의 수도(헌법상의 수도는 수크레)이며, 최대의 도시입니다.

1548년 알티플라노고원 약 3,600m의 고지에 건설된 도시로, 볼리비아의 정치 · 문화 · 경제의 중심지를 이루고 있습니다. 티티카카호에서 흘러내리는 라파스강(江) 연변에 전개된 분지에 시가지가 발달되었으며, 높은 단구(段丘)의 위와 하류부의 낮은 곳에 원주민의 주택이 있고, 그 중간에 백인지구가 있습니다. 순수한 인디오가 주민의 반을 차지합니다.

강의 북동안(北東岸) 무리요광장이 시의 중심이며, 부근에 대통령관저를 비롯하여 정부청사 · 국회의사당 등의 건물과 로마 가톨릭대성당, 1830년 창립된 대학, 박물관 · 호텔 · 극장 등이 있으며, 고원도시임에도 근대적인 고층건물을 볼 수 있습니다. 중심가에는 동양인의 상점도 있습니다.

누마노하라: 이야기에 등장하는 3명의 주인공인 우사기, 퀄, 키라라가 이야기를 나누는 곳으로 코차밤바(Cochabamba)시를 가리킵니다.

코차밤바시: 라파스에서 남동쪽으로 230km 떨어진 곳에 있습니다. 볼리비아 주요 농업 지역의 중심지로 교통의 요지이며, 정유공장 외에 직물 · 식품 · 목재 등의 공장이 있습니다. 해발고도 2,553m의 고원에 자리잡고 있어 기후가 쾌적하고 풍경이 뛰어나 휴양지로서도 유명합니다. 1574년에 건설된 이 도시는 주민의 대부분이 인디오와 메스티조이며 주변의 비옥한 경지를 이용하여 보리 · 옥수수 · 밀 · 과수 등을 재배합니다.

코차밤바는 원래 볼리비아 선주민의 언어인 케츄아어의 말로 cocha는 물구덩이(qhucha)이고 bamba는 평원(pampa)을 의미해서 누마노하라(한국어로 번역하면 물구덩이의 평원)라는 이름이 붙은 것으로 보입니다.

이 코차밤바에서 '수돗물 민영화를 둘러싼 물 분쟁'이 일어났습니다. 이 사건은 '코차밤바 물 전쟁(분쟁)' 등으로 불립니다. 2000년 4월 볼리비아의 코차밤바에서 외국 기업에 의한 수도회사 민영화에 반대하여 민중이 항의 운동을 일으켰습니다.

아마도 작가인 오자와 켄지는 스페인에 의해서 제도화된 행정단위로서의 코차밤바라는 이름이 아니라 원래 이 지명에 내포되어 있는 의미를 존중한 이름을 사용하고 싶지 않았나 라고 추측할 수 있습니다.

미국, 신자유주의, 글로벌리즘, 민영화(privatization)라는 것은 이야기에 등장하는 '회색'에 의한 다양한 수법 중의 하나로 볼리비아와 코차밤바의 사람들은 이러한 것들에 대항하여 싸우고 있습니다.

기지제국: 모델은 미합중국연방공화국. 세계 제일의 군사국가로 세계 도처에 그 기지가 있다는 것이 이 이름의 유래라고 보여집니다.

그림책 나라: 모델은 일본. 히로시마, 나가사키, 동경 등의 구체적인 지명도 등장합니다. '그림책'이라는 것은 그림책을 뜻하는 일본어 '에혼'과 일본을 뜻하는 '니혼'의 발음이 유사한 것에서 유래하였다고 보여집니다. 그리고 의복과 요리 등의 '무지개와 같은 색채'와 '아름다운 그림책의 다양한 색채

를 띠는 말' 등의 이미지로부터 나왔을 것입니다.

자줏빛 노래의 나라: 모델은 페루. 동산국의 인접국으로 동의 산맥(안데스)이 있고, 중고 일본차의 수입대수가 많고, 코카잎이 기호품으로서 사람들에게 사랑 받고 있는 나라입니다. '자줏빛 노래'는 페루의 수도인 리마의 '세뇨르 데로스 밀라그로스(기적의 주)'라는 크리스트교의 축제로부터 왔을 것입니다. 이 때 신자들은 자줏빛 옷으로 몸을 감싸고 축제에 참가합니다. 따라서 10월을 '자줏빛의 달'이라고 말한답니다.

페루의 국가는 자유와 독립을 목청 높이 부르는 장대한 서사시라고 합니다.

큰 나무에 사는 꼬리가 긴 새의 나라: 모델은 베네주엘라를 가리킵니다.

달의 배꼽의 나라: 모델은 멕시코 Mexico. 어원은 metztli(luna 月)과 xictili(Centro−중심)과 Co(en,el lngar−장소). 이것으로 달의 배꼽의 나라라는 의미가 됩니다.

냉혈한 나라: 모델은 영국. 왜 '냉혈'이라는 이름이 붙었는지 그 유래는 알 수 없습니다.

용어정리

디자인된 현실: 원본에는 나오지 않은 말로 역자가 내용의 흐름과 이해를 돕기 위해 임의로 사용한 말입니다.

우리는 누구나 다른 사람들이 미리 만들어 놓은, 말을 바꾸면 '디자인해 놓은' 세계에 태어나서 그 세계 안에서 많은 것들과 관계를 맺어야만 살아갈 수 있는 존재입니다. 여기서 '디자인' 이라는 말의 정의에 대해 잠시 살펴보겠습니다. 디자인의 라틴어 어원은 'designare' 즉 'to mark 표시하기' 를 뜻합니다. 사전에는 다음과 같은 정의가 이어집니다. '대지에 돌을 나열해서 토지를 구분하는 것' '시간의 흐름을 태양의 높이로 구분하는 것' 그리고 '어떤 현실에 인간이 손을 대서 가공하는 것' 등. 마지막 정의를 눈여겨보면 디자인이라는 것은 '지금 있는 질서를 변화시키고 바꾸는' 것으로, 어떤 디자인을 사람들이 새롭게 공유한다는 것은 결국 기존의 것과는 다른 현실을 공유하는 것을 뜻합니다.

한 가지 예를 들어봅시다. 밋밋한 컵에 손잡이를 만들어 붙이면 그 손잡이에 손가락을 걸 수 있게 됩니다. 이처럼 물리적 성질의 변화는 '행위' 의 변화로 연결됩니다. 컵의 무게가 가볍다는 전제 하에 손가락 모두에 컵을 하나씩 걸면 최대한 한 번에 10개의 컵을 동시에 운반할 수 있게 됩니다. 이러한 행위의 변화는 필히 행위자의 '마음' 의 변화와도 연결됩니다. 예컨대 커피숍에서 7명의 손님이 마시고 간 컵을 한 번에 2개

씩만 치우는 아르바이트 학생을 본 고용주는 일을 제대로 못하는 종업원이라고 생각할 것입니다. 그런데 컵의 디자인이 변함으로써 컵의 운반 가능성이 변했습니다. 이는 종업원에게도 고용주에게도 동시에 지각 가능한 '현실' 입니다. 여기서 중요한 것은 단지 운반 가능성만 변한 것이 아니라는 사실이죠. '컵에 관련된 사람들의 지각 가능한 현실' 그 자체가 변한 것에 주목할 필요가 있습니다.

컵 모양새의 변화, 즉 컵 디자인의 변화에 자연스럽게 수반되는 사람들의 마음과 행위의 변화를 잘 관찰해보면 디자인은 대상의 물리적인 변화, 그것에 따른 사람의 행위와 마음의 변화 그리고 그에 따른 지각 가능한 현실의 변화를 유발한다는 것을 알 수 있습니다.

민영화: 예를 들면 최근에 이슈가 되고 있는 '의료 민영화' '수돗물 민영화' 라는 말이 있습니다. '민(民)' 이라는 글자가 들어가서 민주주의의 '민' 이 연상되기 때문에 국민은 자신이 참가할 수 있는 기분이 듭니다. 그런데 실상은 이 민영화는 민중과 민주주의와는 관계가 없습니다.

원래 '민영화' 라는 말은 영어의 privatization의 번역어인데 private는 '사(私)' 의 의미가 강하기 때문에 '사기업화' 라든지 '사물(私物)화' 라고 번역해야 합니다.

그런데 '수돗물 사물화' '의료 사물화' 라는 말을 쓰게 되면 국민들이 경각심을 갖게 되기 때문에 민중들을 속이기 위해서 '민영화' 라고 번역했음에 틀림없습니다.

이 민영화와 관련해서 우사기 제12화에는 다음과 같은 내용이 나옵니다.

예를 들면 우체국이 '민영화' 됩니다. 그러면 우체국에서 일하는 사람들은 회색의 수하들에게 묻습니다. "신문에서는 민영화라고 말하고 있는데, 우리의 일은 어떻게 바뀌는 것입니까? 어떤 식으로 일의 방식을 바꾸면 됩니까?" 당연한 질문입니다. 실제로 일하는 사람들은 구체적인 일의 방침이 알고 싶기 때문이지요. 그러면 회색의 수하들은 평소에는 감추고 있는 이 말을 사용해서 설명하지요. 그게 무엇인가 하면 NPM(새로운 국민을 다루는 방식)이라는 말입니다. 이 말은 New Public Management의 약어인데 '신공공경영' 으로 번역되기도 합니다. 즉 쉽게 풀면 '새롭게 국민을 다루는 방식' 이라는 의미입니다.

그 내용은

"국민을 손님으로서 대해주세요."

"무엇이든지 매매로서(사고 파는 것으로) 생각하세요."

그리고 반드시 말하는 것은

"정부와 관공서, 학교와 보건소와 도서관 등 국민을 위한 시설은 기업처럼 운영하세요."

알기 쉬운 설명이니까 조금 생각해 보면 의문도 곧바로 떠

오릅니다. 그 의문의 정체는

"국민을 손님으로서 대해도 되는 것인가?"

"무엇이든지 매매로서 생각해도 좋은 것인가?"

그리고 "정부와 관공서, 학교와 보건소와 도서관 등 국민을 위한 시설을 기업처럼 운영해도 좋은 것인가?"라는 의문입니다.

'손님으로 대한다.' 라고 말하면 좋은 말처럼 들리지만 손님이라는 입장은 실은 별로 강한 입장이 아닙니다. 예를 들어 레스토랑의 손님은 돈을 낼 때에는 손님으로 대접을 받지만 돈을 지불하지 못하면 손님이라는 입장은 잃게되고 '나가주세요!' 라고 쫓겨나게 됩니다. 그런데 국민이라는 것은 손님보다 좀 더 입장이 강합니다. 헌법을 읽어보면 국민은 '건강하고 문화적인 최저한도의 생활을 할 권리를 가진다.' 라든지 '기본적인 인권은 영구의 권리' 라고 쓰여 있습니다. 레스토랑을 예로 들면 국민의 입장이라면 '돈을 지불할 수 없지만 최소한의 식사 정도는 제공해 주세요.' 라고 요구할 수 있다는 말입니다. 그리고 국민은 돈(세금)을 내지 않아도 '나라 바깥으로 나가 주세요.' 라고 쫓겨 나지는 않습니다.

그래서 '국민을 손님으로 대하는 것' 의 의미는 실은 '국민의 입장을 약하게 합니다.' '국민의 권리를 줄입니다.' 라는 의미입니다. 그러나 그렇게 노골적으로 말해 버리면 국민이 듣고 분노할 지도 모릅니다. 그래서 부드럽게 민영화라는 말을 만들어서 '국민을 손님으로 대합니다.' 라고 말하는 것입니다. 그리고 국민은 일단은 평등하다고 되어 있습니다. 그러나 손님은 평등하지 않습니다. 비싼 돈을 지불하면 좋은 서비스를 받을 수 있고, 레스토랑에서는 VIP대접을 받고 좋은 자리에 앉습니다. 게다가 손님의 입장은 돈만으로는 결정되지 않습니다. 유명한 사람은 돈을 지불하지 않아도 좋은 좌석에 앉을 수 있는 것처럼 손님이라는 입장은 커넥션과 지위라든지 돈 이외에 다양한 요소들로 결정됩니다.

즉 민영화는 실은 '국민의 권리를 줄입니다.' 그리고 '돈이라든지 커넥션이라든지 지위에 기초해서 사람을 대합니다.' 라고 말하는 것인데 그렇게 말해 버리면 사람들이 금방 눈치를 채서 그 '민영화' 라는 것에 저항하게 됩니다. 회색은 그런 것을 미연에 방지하기 위해서 이 말을 사용한 것입니다.

등장인물

우사기: 15세의 소년으로 조금 뚱뚱한 체격을 갖고 있습니다.《Harvard Business Review》-이야기에는《회색비즈니스리뷰》라고 풍자해서 등장하고 있다-를 즐겨 읽는 소년으로 '친환경자동차' 혹은 '에코카' 라는 현실과 전혀 관계없는 말을 무척 싫어합니다. 그래서 그 말을 들으면 흥분해서 밤에 잠을 이루지 못하는 경향이 있습니다.

키라라: 마르고, 검은 눈동자를 가진 15세의 소녀입니다. '사회 혹은 현실과 아무런 관계가 없는 말'을 예리하게 찾아내고 그러한 말을 찾아내는 것을 좋아합니다. 이 소녀는 셀프 이스팀(자기존중감)이라는 말이 얼마나 '현실과 사회와 관계없는' 즉 '떠도는 말'인지 그리고 그 말이 엄청난 음모를 숨기고 있다는 사실을 밝혀내는데 큰 공헌을 합니다.

키라라는 잠이 오지 않을 때에는 일부러 친환경자동차 이야기를 꺼내 친구인 우사기를 잠 못 자게 하는 고약한 취미가 있습니다.

퀼: 부스스한 머리를 한 15세의 소녀입니다. 세계적인 경영학자로 알려진 피터 드러커와 인본주의심리학자로 알려져 있는 아브라함 매슬로우와 칼 로저스의 정체를 철저히 파헤치는데 공헌을 합니다. 우사기와 키라라도 회색을 싫어하지만 퀼은 특히 싫어합니다.

회색: 우사기 제1화에서 '회색은 동그란 별의 부자나라들도 아니고 가난한 나라들도 아닌 곳에 살고 있었습니다.' 라는 식으로 처음 등장합니다. 회색은 사람이 아닙니다. 회색은 '커다란 돈의 혼'에 살고 있었는데 오로지 그 돈의 혼을 점점 불리는 것이 회색의 유일한 관심사입니다. 그리고 '커다란 돈의 혼'은 이 별에 하나밖에 없기 때문에 회색은 그 누구와도 경쟁을 하지 않습니다. 그럼에도 회색은 돈의 혼을 밤에도 자지

않고 계속해서 키우고 있습니다.

회색은 사람들이 가지고 있는 '다른 사람을 도와주거나, 다른 사람들과 사이좋게 지내면 기분이 좋아진다.'는 성질을 어떻게 바꿀 수 없을까 늘 고민합니다. 왜냐하면 사람들이 가지고 있는 이러한 성질은 돈의 혼을 키우기에는 방해가 되기 때문입니다. 돈의 혼을 키우기 위한 최적의 조건은 사람들이 서로를 의심하고, 수상히 여기고, 무서워하는 세계였습니다. 그로 인해 한 사람 한 사람이 따로따로 포장되어 있는 사탕처럼 떨어져 있는 세계였습니다. 회색은 '생면부지의 나그네를 자기 집에 재워주면 신세를 진 나그네가 보답으로 뭔가 굉장한 선물을 하는' 사람들의 모습이 등장하는 옛날 이야기를 무척 싫어하는 성향을 가졌습니다.

저자인 오자와 켄지는 '회색'이 어떻게 만들어지는가에 대해서 구체적으로 밝히고 있지만, 역자가 문제로 삼고자 하는 회색이 휘두르는 '권력'은 예컨대 외부의 국가기관이나 힘 있는 자가 눈에 보이게 우리에게 행사하는 그러한 종류의 권력뿐만이 아닙니다. 그 권력 이외에 평소 우리가 끊임없이 협동해서 산출하고 있음에도 불구하고 그것이 자명하기 때문에 '자연스러운 일상'으로 우리 눈앞에 나타나, 그 결과 바로 우리에게 도덕적 구속력을 미치는 '권력'입니다. 즉 우리는 스스로가 그 '권력의 편성'에 그때 그때 말려 들어가고 있는 것입니다. 예컨대 미국이라는 거대국가가 휘두르는 권력이라면 권력의 피해를 입고 있는 당사자는 틀림없이 어떤 항의수단을 갖고 있을 것입니다. 그러나 자명한 상식을 토대로 작동하는 권력은 당사자들로부터 항의의 가능성을 빼앗고 또한 그 상황으로부터 빠져나갈 수도 없는 다름 아닌 '출구 없는' 상황을 구축하는 것입니다. 즉 회색은 다름 아닌 우리가 만들어낸 그리고 지금도 만들고 있는 영화 〈괴물〉에 등장하는 '괴물' 과도 같은 것입니다.

우리가 일상에서 협력해서 '회색 만들기' 를 하고 있는 셈인데 그런데 그 행위는 주체적으로 선택된 삶의 방식도 아니고 누군가 우리에게 강제해서 이루어진 삶의 방식도 아닙니다. 모두가 자본주의와 심리학이 배태한 심리주의, 신자유주의, 민영화 그리고 글로벌리제이션의 파도 위에서 함께 신나게 춤을 추다가 보니까 '그렇게 되고 말았던(회색이 태어난)' 것뿐입니다.

회색이 좋아하는 사람들은 다음과 같은 부류의 사람들입니다. 그리고 회색은 다름아닌 바로 그 사람들에 의해 만들어집니다.

자신이 할 수 있는 일은 '아무것도 없다.' 고 생각하는 사람. 이런 사람들은 자신만 그렇게 생각하면 괴로우니까, 혼자 감기를 앓는 것이 싫어 다른 사람 얼굴에 기침을 해 감기를 옮기듯이 일부러 다른 사람에게 그 생각을 옮기려고 합니다.

'세상이라는 곳은 변할 리도 없고 어떻게 할 수도 없어!' 라

고 그들은 말합니다. '아무리 노력해도 안 되는 것은 어떻게 되어버리든 나와는 상관없어.'

그런데 그렇게 생각하면서도 다른 한편으로는 자신들이 아무리 생각해도 뾰족한 수가 없는 일들에는 다들 열심입니다. 예를 들면 그들은 프로 스포츠 선수의 트레이드라든지 프로 야구팀의 감독이 누가 되는지에 관해서는 '아무렇게나 되면 안 되는 것처럼' 그 해당선수와 감독에게 지지 않을 정도로 깊게 생각을 하는 경향이 있습니다. 그리고 그러한 일들에 의견을 말할 때는 아주 전혀 새로운 사람으로 무서운 것이 하나도 없는 태도를 보입니다.

우사기, 키라라, 퀼은 '당연한 것' '보통'이라고 불리는 것을 의심하는 일을 무척 좋아합니다. 3명 모두 경제학과 심리학을 아주 싫어합니다. 그렇기 때문에 3명 모두 회색이 가장 두려워하는 존재이기도 합니다.

자, 그럼 이제 기업적인 사회, 테라피적인 사회로 여행을 떠나볼까요?

'사회와 아무 관계도 없는 말'
키라라라는 소녀가 생각하고 있습니다.
이 이야기가 전개되는 세계에서는 다음과 같은 말이 많았습니다.
'사회와 현실과 아무런 관계도 없는 말'

현실과 관계없는 말

예를 들면 '대외원조' 라는 말이 있습니다.

이 말은 부자나라가 세금으로 가난한 나라를 도와준다는 것을 의미합니다.

이때 원조 받은 돈을 가난한 나라가 어떻게 사용하든 순전히 그 나라의 자유라고 생각하겠지만 사실 그게 말처럼 그렇지가 않지요. 그 돈에는 '이 돈을 이런 식으로 사용하세요.' 라고 단서가 붙어 있어서 왠일인지 부자나라의 대기업이 돈을 벌게 되어 있습니다.

즉 부자나라인 A나라 사람들이 낸 세금이 실은 A나라를 나가지도 않고 A나라에 본사를 둔 대기업의 은행 계좌로 흘러들어갑니다.

돈을 받은 기업은 가난한 B나라에 자국 창고에 쓰레기처럼 쌓여 있던 재고품이나 구매자가 없는 자동차를 일방적으로 보내거나, B나라 사람들이 눈물을 흘리며 '세우지 말라!' 고 애원하는 댐을 만들어서 B나라 마을들을 댐 바닥에 수몰시켜 버리곤 합니다.

이렇게 흉악무도한 일이 벌써 50년 이상 '대외원조' 라는 그럴싸한 이름으로 불리고 있습니다.

최근에는 '민주주의를 위한 대외원조' 라는 말도 있더군요. 그게 무엇인가 싶어 대외원조단체의 팸플릿을 봤더니, '가난한 C나라 사람들은 어떤 정치가에게 투표하면 좋을지 모르는 것 같아서 우리 대외원조기구는 C나라 사람들이 옳은 정부를 갖도록 사람과 돈을 보내고 있습니다.' 라고 쓰여 있었습니다.

결국 C나라의 선거에서 부자나라들에게 편의를 봐주는 정당이 이기도록 자기들에게 불편한 정당이 이기지 못하도록 사람과 돈을 보내고 있는 것 같았습니다. 그러나 아무리 좋게 보려고 해도 돈을 보내서 자신들에게 불편한 정당이 이기지 못하도록 하는 것은 민주주의가 아닌듯한 느낌의 이야기였습니다.

사회와 현실과 아무런 관계가 없는 말 중에 '핵보유문제' 라는 말이 있습니다. 이 이야기가 전개되는 세계에는 '기지제국' 이라는 나라가 있는데, 이 나라의 군사예산은 연간 약 650

조 원 정도로 다른 모든 나라 군사예산을 합친 액수보다 많았습니다(그 액수와 별도로 아프가니스탄 전쟁과 이라크 전쟁을 위해 연간 182조 원 정도의 추가 예산이 있었지요).

기지제국은 세계 곳곳에 725개의 기지를 갖고 있습니다. 제국의 대통령 한 명의 판단만으로 15분 이내에 발사할 수 있는 핵미사일이 2000발, 그리고 발사할 준비가 되어 있는 핵미사일도 6000발이나 있었습니다.

제국의 대통령 대변인(정부 대변인)을 7년간 역임한 사람은 그 파괴력에 대해 과거 기지제국이 그림책 나라의 히로시마라는 도시를 파괴할 때 사용한 핵폭탄보다 무려 16만 배의 파괴력이 있다고 말합니다.

만약 사람들이 '핵보유문제'라는 걸 얘기한다면 이 8000발의 핵미사일 문제를 가리킨다는 것은 초등학생이라도 알 수 있을 것입니다. 하지만 매스미디어가 발달한 부자나라들의 국민들은 '핵보유문제'라는 말이 나오면, 곧바로 아직 한 발의 미사일도 갖고 있지 않은 나라[1]를 떠올리도록 길들여져 있습니다.

---

1) 예컨대 북한

생활과 자연을 뿔뿔이 흩어지게 하는 힘

GDP(국내총생산)라는 말이 있습니다. 그 말은 다름 아닌 '한 나라에서 일어나는 생산활동의 모든 것을 합계한 것' 입니다. 그런데 예를 들면 어머니가 가족의 식사를 만들거나, 아버지가 방을 청소하는 것은 GDP계산에 들어가지 않습니다. 반면에 돈을 주고 고용한 요리사가 가족의 식사를 만들거나 가정부가 방을 청소하면 그것은 GDP로 계산됩니다.

게다가 그 GDP가 커지는 것이 그 나라의 경제성장이라고 불립니다. 그래서 어떤 가정에서의 생활이 요리는 요리사, 청소는 가정부, 아이 돌보기는 베이비시터, 고민 상담은 카운슬러에게 맡기는 식으로 따로따로 분해되어 진행되면 그 나라는 경제가 성장한 것으로 사람들은 생각하는 것 같습니다.

즉 경제학은 사람의 삶이 따로따로 분해되어 그 결과 예컨대 가정에서 이루어지는 삶을 전문가에게 맡기게 되면 그것을 성장이라고 생각합니다.

예를 들어 공장에서 타이어를 만든다고 합시다. 만들어진 타이어는 'GDP에 있어서 플러스' 로 계산되지만 타이어를 만드는 과정에서 나온 화학물질이 물을 오염시키는 것은 'GDP에 있어서 마이너스' 로 계산되지 않습니다.

다시 말해 경제학에서는 타이어가 아무리 물과 공기를 오염시켜도 그것을 만들면 '성장' 입니다. 또한 사람이 스스로 식사를 만들지 않게 되고, 자신의 방을 청소하지 않게 되고, 자신의 아이 돌보기를 하지 않게 되고, 자신의 고민을 가족이나 친구에게 의논하지 않게 되면 '성장'이라고 부릅니다. 그렇게 특정한 틀을 만들고 그 틀 안에 수렴되는 것만을 '성장'이라고 규정하는 것이 경제학이라는 학문이기 때문에 이것은 의심할 여지없이 명백히 사상적이고 정치적인 학문입니다.

그럼에도 경제학자들은 "자신들은 단지 중립적으로 사실을 설명할 뿐"이라는 말만 되풀이하고 있지요. 게다가 때로는 역시 전문가답게 "요즘 세상에는 GDP 같은 낡은 사고방식을 진심으로 받아들이는 사람이 바보입니다. 지금의 새로운 경제학에서는 환경파괴 같은 경우 자연에게 입힌 피해로서 돈으로 계산하고 있습니다."라고 태연하고 우쭐한 자세로 말하곤 하죠.

그러나 자연에게 입힌 피해를 돈으로 계산한다는 발상 자체가 말이 안 되는 것 같습니다. '강에 가격을 매긴다.' '공기에 가격을 매긴다.' 애당초 돈으로 환산할 수 없는 것에 가격을 마음대로 매겨서 태연히 믿고 돌진해 가는 태도는 종교적이라고 해도 과언이 아닌 것 같습니다.

만약 당신이 정신과의사에게 "나는 매일 강에 가격을 매기거나 공기에 가격을 매기고 있습니다."라고 말하면 그 의사는 "그렇습니까?"라고 반응하곤 틀림없이 당신에게 강력한 약을 강제로 먹일 것입니다.

종이인형들의 풍경

경제학자들의 말은 현실 사회와 전혀 관계가 없는 말이 태반입니다.

키라라는 다른 예도 생각해 보았습니다.

경제학이라는 종교적인 학문을 만든 사람들 중에 벤담이라는 사람이 있었습니다. 벤담은 사람이 하는 모든 일은 '고통을 피하고 쾌락을 추구하려는 행동원칙'에 의해서 지배 받는다고 보았습니다.

그러나 우리 주위에서 일어나고 있는 일들을 잘 살펴보면 고통인 경우도 있지만 때에 따라서는 그것이 즐거움이 될 수도 있고, 혹은 고통도 아니고 즐거움도 아닌 일 천지입니다.

예를 들면 아이를 낳는 일이 고통인지 즐거움인지 누가 함부로 정할 수 있겠습니까?

지하철 안에서 선잠을 자는 것이 고통인지 즐거움인지 양자택일을 요구 받으면 쉽게 대답하기가 어려울 것입니다. 사실 그건 고통도 즐거움도 아닌 그냥 피곤함이겠죠. 그러나 현실 사회와는 전혀 관계없는 원칙이 경제학에서는 중요한 원칙으로서 당연한 것으로 가르쳐지고 있습니다.

키라라는 경제학부에 가고 싶다고 말하는 친구들에게서, 음… 말하자면 '세상사를 평면적으로 보는' 혹은 '종이를 오려내서 만든 인형처럼 사람을 말랑말랑한 것으로 보는' 듯한 느낌을 받았습니다.

아마 그런 친구들이 나중에 경제학자가 되어 '자유무역' 이라든지 '정부를 축소해서 만든 효율성이 높은 사회[2)]' 라든지 친환경자동차와 같은 현실과 아무런 관계가 없는 말[3)]을 이것저것 고안해 내겠지요.

틀림없이 그들의 머릿속에는 종이인형들이 종이에 그려진 배경을 앞에 두고 고통과 즐거움이라고 쓰인 두 장의 종이를 올리거나 내리는 그런 사람의 이미지가 들어 있음에 틀림없습니다.

*역자의 생각

예컨대 철학자 이왕주는 이 문제와 관련해서 다음과 같은 예를 들고 있다. "그린과 아무 상관없는 컴퓨터도 그린 컴퓨터라는 상표가 붙어 있어야 안심해서 사용하고 술도 그린 소주나 천연 암반수로 만들었다는 맥주라야 믿고 마시며 비누나 샴푸도 내추럴, 화장품도 식물성 표시가 있어야 신용하여 쓰려 한다. 물론 이런 것들은 대개 실험실에서 개발된 기술과 상관없다. 판매 전략팀 혹은 디자인실에서 만들어낸 상품명, 혹은 카피 문구에 지나지 않는 경우가 대부분이다. 결국 부도어음처럼 유포되는 공허한 시니피앙들일 뿐이다(이왕주(2001). 새한영어영문학회. 2001년 겨울 워크샵).

---

2) 민영화 혹은 법인화

3) 현실에서 실제로 일어나는 일과는 전혀 관계가 없는 말 혹은 현실에서 바로 우리 눈앞에서 일어나는 일을 전혀 담아내지 못하는 떠도는 말

자동차는 어디로 가는 걸까?

키라라가 옥상에서 이런 저런 생각을 하고 있는데, 친구인 우사기가 줄무늬 잠옷을 입은 채 가죽신발을 질질 끌며 철로 만든 삐거덕거리는 나선계단을 올라왔습니다.

"잠이 안 와." 우사기는 말했습니다.

동산국 평화시의 밤은 추워서 뚱뚱한 우사기는 그렇다 치더라도 마른 키라라는 모포를 몸에 두르고 귀마개가 붙어 있는 모로 만든 모자를 푹 눌러 쓰지 않으면 금세 감기에 걸릴 것 같습니다.

"나도 잠이 안 와. 잠이 안 와서 생각하고 있었어!"라고 키라라는 말하고는

"가루를 씹으면 안 되겠어."라고 덧붙였습니다.

키라라와 우사기는 하루 종일 동산국 사람들이 하는 것처럼 코카라는 식물의 잎을 씹었습니다. 코카 잎은 어느 정도 씹으면 말차와 같이 섬세하고 훌륭한 맛이 나지만 잎을 코카 가루와 함께 씹으면 당분간 잠이 오지 않게 됩니다.

키라라가 지금까지 생각하고 있었던 것을 우사기에게 말하자 우사기는 제발 부탁이니까 자신에게 친환경자동차 이야기를 생각나지 않도록 해달라고, 그 이야기를 떠올리면 화가 나서 잠을 잘 수 없게 된다고 말합니다.

키라라는 싱긋 웃으며

"아니 뭐였지? 요전에 네가 화를 낸 것 있잖아!"라고 짓궂

게 재촉합니다.

키라라는 혼자만 잠을 잘 수 없는 게 싫었기 때문에 동무가 필요했던 거죠. 우사기는 친환경자동차 이야기를 시작하면 틀림없이 아침까지 잠을 못 잘 겁니다.

'친환경자동차'라든지 '에코카'라고 불리는 것들은 가솔린 소비량과 엔진이 더러운 공기를 만들어내는 양이 여태껏 만들어진 자동차보다 적은 자동차를 말하는 것으로 부자나라에서는 아주 인기가 있는 것 같았습니다.

부자나라의 부자들은 '나는 환경을 생각하고 있으니까!'라고 말하며 번쩍번쩍 빛나는 에코카를 타고 돌아다닌다더군요.

"그러면 낡은 자동차는 어디로 가는 거야?" 우사기는 완전히 화가 났습니다.

낡은 자동차는 예를 들면 이 동산국과 동산국 옆에 있는 '자줏빛 노래의 나라'에 들어왔죠. '동(銅)의 산맥' 나라들[4]에서 달리고 있는 자동차는 그림책의 나라의 차고증명이 붙어 있는 택시와 차체에 일본어로 '○○세탁소'라고 쓰여 있는 작은 승합자동차뿐이었습니다.

공기에는 국경 같은 게 없고 모든 나라가 연결되어 있습니

---

4) 멕시코, 페루, 볼리비아와 같은 남미의 안데스 산맥에 있는 여러 나라들을 가리킴

다. 동산국에서 공기를 오염시키든지 그림책 나라에서 공기를 더럽히든지 이 지구라는 별의 공기가 오염되고 더럽혀지는 것은 매한가지입니다.

게다가 자동차는 엔진만으로 만들어지는 게 아니죠.

번쩍번쩍 빛나는 새로운 차체를 만들기 위해서는 대량의 환경오염이 필요합니다. 광물을 파내기 위해서, 플라스틱을 가공하기 위해서 흙이 파헤쳐지고 물이 오염됩니다. 그렇게 자연이 파괴되고 쓰레기가 늘어나죠.

만약 친환경자동차가 차체는 낡은 차의 것을 그대로 사용하고 엔진만 바꾼다면 조금은 이해가 가지만 부자들은 그것만으로 부자들은 만족하지 않는 것 같습니다. 최신식 디자인을 갖추었다는 것을 한 눈에 알아 볼 수 없고 단지 '환경을 배려하는 자동차' 엔진을 갖추고 있다는 것만으로는 그들은 만족하지 않습니다. 그들에게 자동차의 겉모양은 무엇보다도 중요한 것입니다. 우사기는 완전히 화가 나 있습니다.

"음 … 그것보다도……." 키라라가 달랩니다. '회색'은 사람들이 진실을 볼 수 없도록 돈 벌기에 혈안이 되어 있는 TV, 신문사와 같은 매스컴을 철저히 이용합니다. 자동차를 구입하려는 사람들도 진실을 알게 되면 '자동차를 타지 맙시다!' 라든지 '더 이상 세상에 자동차를 늘이지 않기 위해서 새로 차를 사는 것을 그만둡시다!' 라든지 '자전거를 탑시다. 아니면 말을 타보는 것은 어떨까요?' 라고 생각할지도 모릅니다.

이미 많이 써먹은 꼼수/또 한 대 자동차가 늘어날 뿐이다

어차피 친환경자동차라는 것은 회색이 60년이나 추진해온 '이미 많이 써먹은 꼼수'로 이전과 변함없는 수법입니다.

회색의 '이미 많이 써먹은 꼼수' 아래에서 사람들은 '신제품이 등장했습니다.'라는 광고에 둘러싸여 살아가게 되죠. 그 신제품은 사실 오래된 제품과 거의 똑같은 것이지만 제품의 광고모델을 다른 연예인으로 교체하거나 제품의 디자인을 조금씩 바꾸는 것만으로도 사람들에게 왠지 새로운 것, 좋은 것으로 보이게 만듭니다.

신제품의 이미지가 일단 머릿속에 주입되면 사람들은 그 동안 잘 쓰고 있던 제품에 대해 새삼 '저것은 낡았다.' '이것은 오래됐다.'라고 중얼거리며 제품의 미묘한 차이를 신경 쓰게 되고 결국은 신제품을 구입합니다. 한편 오래된 제품은 버려져서 쓰레기가 되어 이 세상을 메워가죠.

오래된 제품을 고쳐 쓰는 일은 권장되지 않습니다. 팩스기가 고장 나서 고치려고 해도 '새로운 제품을 사는 편이 싸다.'는 말을 듣게 되죠. 실은 새로운 제품이 싼 것이 아니라 새로운 제품을 팔고 오래된 기계를 쓰레기로 처리하기 위해 수리비용이 비싸게 책정되어 있을 뿐인데 말입니다. 사람들은 종종 그것을 알면서도 그것에 저항해서 '나는 이 이상 쓰레기를 늘이고 싶지 않으니까 신제품을 구입하기보다 돈을 많이 지불하더라도 지금 사용하고 있는 팩스기를 고쳐서 쓰겠다.' 고 말하는 경우는 아주 드뭅니다.

친환경자동차와 회색의 '이미 많이 써 먹은 꼼수' 이야기를 하다 보니 우사기는 정신이 완전히 말똥말똥해졌습니다. 그는 다음과 같이 말합니다.

"실은 기업한테 유리한 이야기만 있을 뿐……. 그저 사람 귀에 쉽게 들어갈 수 있도록 할 뿐……."

그리고 우사기는 어디서 났는지 코카 잎을 한줌 쥐고 우적우적 씹기 시작했습니다.

예를 들면 새로운 자동차의 타이어 하나는 1년간 1.5킬로그램 정도의 분진을 공기 중에 배출합니다. 타이어가 네 개면 1년에 6킬로그램 정도의 타이어분진을 공기 중에 배출하는 셈이 되죠.

우사기는 다음과 같이 말합니다.

"그 타이어분진은 60퍼센트가 폐 깊숙이까지 들어갈 정도로 아주 미세해. 하지만 그것을 온실가스처럼 문제 삼아서 엄격하게 규제하고 있어? 아니, 안 하지. 왜? 아직은 타이어분진을 배출하지 않는 타이어가 이익을 낼 수 있는 단계가 아니거든."

"아직 새로운 타이어가 만들어지지 않았기 때문에 타이어분진 이야기는 기업의 입장에서 결코 반가울 리가 없지. 반면에 지구 온실화의 원인이 되는 가스는 새로운 엔진이 나왔기 때문에 더 이상 문제가 없어. 기업들은 자기들한테 유리한 이야기는 계속해서 사람들 귀에 들어가도록 하고 있어."

"매일 신문을 펼쳐보면, 자동차 회사 광고는 신문사의 큰 수입원이기 때문에 자동차 전면광고는 거의 늘 나와. 전면광고 페이지에는 '환경을 위해서 온실가스 배출량을 규제하는 국제조약이 맺어졌다.' 같은 기사가 나오지. 그리고 다시 한 번 자동차 전면광고에 눈을 돌리면 '이 자동차는 지구 온실화의 주범이 되는 가스 배출량이 적은 차입니다.' 라는 캐치카피와 자동차가 숲속을 달리고 있는 사진이 나오는 거야. 그 광고를 보는 사람은 '아, 이제는 온실화 가스가 문제구나! 그래, 그러면 이 차를 사면 되겠다.' 라고 마음먹게 되겠지. 이러니 신문을 보면 어디까지가 기사이고 어디서부터 광고인지 잘 모르겠단 말이야."

"한 개의 큰 자동차 회사 연간 수익은 예를 들면 뉴질랜드의 국내총생산보다 많아. 그런 거대한 기업들이 '새로운 자동차를 팔기 위해 어떤 국제조약을 맺으면 도움이 될까?' 를 서로 의논해서 국제조약까지 광고의 일부로 사용하고 있다고 말하면 UFO를 믿고 있는 사람 취급을 당할까? 아니 오히려 정말 정확하게 맞추고 있는 것 아닌가?"

"잘 생각해 봐. '새로운 차체를 만들지 않는 국제조약' 같은 것은 맺어지지 않아. '세계에 있는 자동차 대수를 줄이는 국제조약' 같은 것도 없지. 사실 친환경자동차를 산다는 것은 현실적으로 지금까지의 자동차에 더해 이 지구별 위에 또 한 대의 자동차를 늘리는 것에 불과한데, 그렇게 당연한 것조차 부자나라 사람들은 생각하지 못하게 되어 버렸어."

키라라가 눈썹을 찌푸리면서 말합니다.

"게다가 자동차 사회라는 것이 자동차만으로 이루어지는 것은 아니지. 아스팔트로 포장된 도로와 주차장이 점점 별의 표면을 잠식해 가고 있어. 그 밑에는 벌레가 있고, 꽃씨가 잠들어 있고, 지하수가 흐르고 있는데, 여름에 흙길을 걷다가 아스팔트로 포장된 도로에 발을 내디뎌 보면 공기가 갑자기 뜨거워져서 숨쉬기가 어려워져. 그렇게 지구의 온도를 좌지우지하는 것이 자동차 사회가 만들어내는 큰 문제인데, 그럼에도 '아스팔트로 포장하는 것을 그만두는 국제조약' 같은 것은 들어볼 수도 없단 말이야. 왜냐하면 그런 조약은 건설업계가 허용하지 않거든. 그런데도 친환경자동차라는 말만 번지레하게 내세우는 것뿐이지. 실은 전혀 친환경이 아니야! 그냥 또 한 대의 자동차가 늘어나는 것일 뿐."

우사기가 키라라의 말을 이어 나갑니다.

"게다가 기지제국 안에서만 해도 자동차에 치어 죽는 야생동물이 일주일에 100만 마리가 넘어. 차가 달리는 것만으로도 환경이 파괴되고 있는 거지."

두 명이 목소리를 모아서 말합니다.

"친환경자동차!"

희한한 '전문가들'/눈치를 채면 곤란한 것

우사기와 키라라의 목소리가 점점 커졌기 때문에 그 소리에 잠이 깬 친구 퀼이 철로 만든 삐걱거리는 나선 계단을 올라왔습니다.

평소에도 부스스한 퀼의 머리가 자다 일어나 더 부스스합니다.

"무슨 얘기 중이야?" 이 열다섯 살 여자아이가 우사기와 키라라에게 묻습니다.

"현실과 관계가 없는 말" 이라고 두 사람이 대답해주자 퀼이 잠시 동안 생각하더니 입을 뗍니다.

"그리스도교와 이슬람교의 대립의 시대라는 말도 현실과 관계가 없어!"

현실과 관계가 없는 말. 그렇군요. '그리스도교와 이슬람교의 대립' 이라는 말도 있었군요.

기지제국은 꽤 '진리교' 같은 그리스도교 나라로 인구의 약 45퍼센트가 '인류는 약 1만 년 쯤 전에 신에 의해서 지금과 같은 모습으로 만들어졌다.' 고 믿고 있습니다.

또 인구의 35퍼센트는 성서의 구절구절이 신의 말로 이루어졌고, '천지창조' 와 '노아의 방주' 이야기는 비유나 우화가 아니라 문자 그대로 실제로 있었다고 믿고 있습니다. 그리고 인구의 85퍼센트가 그리스도교도입니다.

그것 자체는 이상한 것이 아닙니다. 종교라는 것은 사람들이 모르는 것에 관해서 설명을 제공해주는 것으로 모르는 것 천지인 이 세상에서 사람들은 이런저런 종교를 믿으며 살아가고 있습니다.

그런데 이상한 것은 기지제국이 이슬람교도가 많은 나라를 폭격하거나 이에 대해 이슬람교도가 보복을 하면, '그것은 아주 오랜 역사를 갖고 있는 종교끼리의 피로 물든 대립 탓이다.' 라며 정색을 하고 이야기하는 전문가들이 계속해서 TV에 등장하는 것입니다.

현실적으로는 이슬람 국가 중에서도 특히 '진리교' 같은 와하비파가 지배하고 있는 사우디아라비아와 파키스탄은 그리스도교 국가 중에서도 특히 '진리교' 같은 기지제국과 사이가 아주 좋습니다. 이 나라들 관계를 보면 열성적인 이슬람 국가와 열성적인 그리스도교 나라가 사이좋게 손을 잡고 함께 걷고 있다는 느낌으로, 아무리 보더라도 '그리스도교와 이슬람교의 대립의 시대' 라는 말은 현실과 관계가 없는 것 같습니다.

얼마 전에는 이슬람교도가 많은 레바논이 이스라엘 군대의 공격으로 파괴되는 일이 있었습니다. 이스라엘은 기지제국의 출장소 같은 나라로 기지제국으로부터 거액의 군사원조를 받지 못하면 주위 나라들로부터 뭇매질을 당할 나라입니다.

아, 역시나 기지제국의 출장소 같은 나라가 레바논을 파괴했으니까 '그리스도교와 이슬람교의 대립의 시대' 라는 말에 딱 들어맞는 이야기처럼 들리기도 합니다.

그런데 잘 보면, 폭격 후 레바논에서 집을 잃은 많은 이슬람교도들이 열광적인 그리스도교 나라로 피난을 떠납니다. 그 나라가 바로 큰 나무에 사는 꼬리가 긴 새의 나라였죠. 큰 나무에 사는 꼬리가 긴 새의 나라에서는 인구의 96퍼센트가 그리스도교를 믿고 있는데, 그 대부분이 열광적인 그리스도교 신자입니다. 큰 나무에 사는 꼬리가 긴 새의 나라의 가정에는 '예수상'과 성인들의 성화가 질릴 정도로 장식되어 있는 것이 보통이죠.

만약 정말로 '그리스도교와 이슬람교의 대립의 시대'라고 한다면 레바논의 이슬람교도들이 그런 '예수님' 천지인 나라에 피난을 갈 리가 없습니다.

큰 나무에 사는 꼬리가 긴 새의 나라는 레바논뿐만 아니라 또 다른 이슬람교도의 나라인 이란과도 사이가 좋아서 함께 석유를 정제하거나 트럭을 제조하기도 하죠.

한편 기지제국 지도자들은 똑같은 그리스도교 나라인 큰 나무에 사는 꼬리가 긴 새의 나라를 아주 싫어합니다. 심지어 기지제국의 가장 유명한 그리스도교 지도자가 TV에서 공공연하게 '큰 나무에 사는 꼬리가 긴 새의 나라 대통령을 암살해야 한다.'고 사람들에게 말할 정도입니다.

또 한편으로 그리스도교 원리주의자와 저널리스트들이 전하는 말에 따르면, 기지제국 지도자들은 제국의 국경수비를 이슬람교도의 나라인 UAE의 기업에 위탁하고 싶은 모양입니다.

이와는 반대로 최근 발생한 기지제국과 다른 그리스도교 나라들의 전쟁이야말로 피로 물든 대립입니다. 그 대표적인 나라는 엘살바도르, 아이티공화국 등 그 밖에도 많이 있습니다.

이런 세계정세를 조금만 신경을 써서 살펴보면 그리스도교와 이슬람교의 대립의 시대라는 말이 명백히 '떠도는 말' 일 뿐임에도 부자나라 사람들은 훈련된 서커스의 동물들처럼 '지금은 그리스도교와 이슬람교의 대립이 국제정세를 위험한 지경으로 몰아가고 있는 시대' 라는 조작된 사실을 주입받고 있는 것 같습니다.

그리고 보니까 그리스도교 나라와 이슬람교 나라가 싸우면 그 원인이 '종교' 라고 하고, 그리스도교 나라끼리 싸우면 종교가 아니라 '정치 혹은 무엇' 이라는 설명을 막 갖다 붙이는 이유도 알 만합니다.

'종교는 정열이다. 정열은 언제나 분쟁에 기름을 붓는다.' 라고 말하는 사람도 있었습니다. 확실히 그렇죠. 똑같은 종교를 가졌든 다른 종교를 가졌든 분쟁이 시작되면 '신은 우리 편이다! 적군의 신은 악마다.' 라고 외치며 싸우는 것이 당연합니다.

그리스도교 나라끼리 싸울 때 '상대방은 같은 종교이기 때문에 종교 이야기는 꺼내지 않는 게 좋겠다!' 라며 냉철한 생각을 하는 사람은 없습니다. 싸우기 시작하면 싸우는 데 집중할 수밖에 없기 때문에 무엇이라도 끄집어내는 것이 당연합니다.

문제는 '왜 싸우기 시작하였는가?' 입니다.

아무래도 현실 사회에서 분쟁과 전쟁의 원인은 종교 같은 애매모호한 것이 아니라 돈이나 정책, 또는 석유 흐름의 컨트롤이나 수원지의 소유권 다툼 같은 아주 '구체적인 것' 들이죠.

그런데 '현실에 유래하는 구체적인 것이 문제를 야기한다.' 는 걸 자각하게 되면 '그 구체적인 것은 무엇인가?' 라고 사람들은 생각하기 시작합니다.

그런데 그렇게 되어서는 곤란합니다.

특히 사람들이 구체적인 것에는 관심을 가지지 않도록 세계를 디자인하고 있는 회색에게 있어서는 아주 곤란한 일이죠.

사람들이 '뭔가 잘 알 수 없는 심원하고 해결할 수 없는 이유로 문제가 일어나고 있다.' 는 생각을 갖는 것이 회색에게는 필요합니다.

이런 이유로 '종교끼리 지금 사이가 좋지 않은 것은 과거로 거슬러 올라가서 그 원인을 찾아야 한다.' 같은 말을 되풀이하는 '전문가' 들이 계속해서 TV에 등장하는 것 같습니다.

회색, 회색은 사람이 아닙니다.

길들여진 사람들

이 시대에 '먼 옛날부터 있어왔던 종교대립' 때문에 발생한 것으로 많은 사람들에게 알려져 있는 대표적인 사건을 든다면 '팔레스타인 분쟁' 같은 것이 있습니다. 그러나 팔레스타인 사람들을 쫓아낸 이스라엘 사람들이 팔레스타인 분쟁연구의 제1인자로 꼽고 있는 베니 모리스(Benny Morris) 같은 학자조차도 팔레스타인 사람들이 싸우는 이유는 '자신들이 살고 있던 땅을 빼앗기고 그곳에서 쫓겨나는 것에 대한 두려움' 때문이라고 말하고 있습니다.

'자신들이 살고 있던 땅을 빼앗기고 그곳에서 쫓겨나는 것에 대한 두려움'은 종교하고는 하등 관계가 없죠. 그것은 현실에서 유래하는 아주 구체적인 이유 때문에 생겨난 것입니다.

팔레스타인 사람들에게 동정적이지 않은 모리스조차 그렇게 말하고 있는데 부자나라에서 신문을 읽는 사람들은 '팔레스타인 분쟁은 심원하고 해결할 수 없는 종교대립에 의한 것으로 우리와는 관계없다.'라고 생각하도록 은연중에 길들여지고 있습니다.

신문이 그런 식으로 사람들을 길들이는 이유 또한 구체적인 것이죠. 은행과 기업들이 신문사에 출자함으로써 신문사의 운영자금은 만들어집니다. 즉 그런 문제가 현실에서 유래함에도 불구하고 사람들이 그 진실을 알지 못하도록 하는데 신문과 잡지가 크게 공헌하고 있는 셈이죠.

우사기와 친구들이 늘 모이는 아지트의 벽에는 큰 글자로 '돈의 흐름을 쫓아라!' 라는 글귀가 붙어 있습니다.

서커스의 동물처럼 길들여진 부자나라 사람들의 마음속에 주입된 현실과는 아무런 관계가 없는 '보통의 감각' 을 우리는 어떻게 응시해야 하는 걸까요?

키라라는 8년쯤 전에 출판된 어느 책의 한 구절이 생각났습니다.

그 책은 광고업계의 아버지라고 불러도 손색이 없는 에드워드 버네이즈(Edward Bernays)라는 사람에 의해서 쓰인 것입니다.

'투표제도가 정착되어 있는 민주주의 사회에서는 군대를 엄격하게 길들이는 것처럼 사람들의 마음을 교육시킬 필요가 있다. 그리고 자각하지 못하도록 사람들의 마음을 조작하는 것이 민주주의 세계에서의 지배 방식이다.'

"과연 그렇군 그래!" 세 명의 아이들은 진지한 얼굴로 생각하고 있습니다.

* 역자의 생각

이 책의 저자인 오자와 켄지의 어머니인 임상심리학자 오자와 마키코 선생의 다음의 글은 우리가 너무나도 당연하게 생각해서 반성은커녕 자각의 대상도 되지 않는 '보통' 을 응시하는 것의 중요성을 일깨워준다.

등교거부와 히키코모리(은둔형 외톨이)를 생각하는 공부모임에 참가할 기회가 있었다. 참가자들은 남녀노소를 불문하였다. 거기서 던져진 몇 가지 발언을 계기로 학교와 부모에 관해서 생각을 해보고 싶다.

먼저 이런 발언이 있었다. "아이가 학교에 가지 않으면 주위로부터 왜 학교에 안 가는지 반드시 질문을 받게 된다. 하지만 역으로 왜 학교에 가는지 사람들은 묻지 않는다. 왜 그럴까?" 이것은 학교라는 것은 무엇인가를 생각할 때의 근저에 있는 물음이다.

일반적으로는 그것에 대해서 다음과 같은 말이 돌아오는 경우가 많다. "그거야 학교에 가는 것이 당연하기 때문이죠." 그 대답을 듣고 거기서 기가 꺾이면 세계를 해독하기 위한 중요한 물음은 곧바로 뚜껑이 덮여져 봉쇄되고 만다. 아무래도 많은 사람들은 이 물음에 정면으로 맞서는 것을 피하고 싶은 모양이다. '당연하다' 든지 '보통' 이라는 말은 언제나 사물과 현상을 올곧게 생각하는 것을 봉쇄한다. 즉 문답무용(問答無用)으로 만들어 버리는 것이다. 그러나 그러한 종류의 물음 혹은 말의 저 건너편에는 우리들의 몸과 마음이 경직되지 않기 위한 중요한 단서 그리고 풍양(豊穰)한 세계가 펼쳐지고 있다.(중략)

2009년에 새롭게 시작되는 배심원제도라는 게 있다. 그것은 충분한 논의를 거치지 않고 갑자기 우리들의 생활에 들어왔다. 막 들어왔기 때문에 지금 "그게 도대체 무엇인가?"라고 의심하는 경우가 일반적인 것 같다.

지금은 가는 것이 당연하다고 생각하는 혹은 보통이라고 생각하는 학교제도 또한 처음에는 그랬을 것이다. 메이지 5년에 학교를 설치하는 제도가 만들어지고 난 뒤에는 종종 주민들의 반대와 항의의 의사표시가 있었던 모양이다. 학교를 불태우는 저항도 일어났다.

하지만 국민 컨트롤을 지상과제로 하는 정부의 강한 의향과 다양한 장치가 130년 이상 계속되면서 학교에 가는 것이 "당연하고 보통이고 문답무용이다."라는 뿌리깊은 의식이 만들어졌다(小沢牧子(2009). 子どもと昔話40호. p. 71~74).

여기서 오자와 마키코 선생이 지적하는 '보통' 이라는 말은 그 말의 표면적 의미와는 달리 보편적이고 중립적인 것을 뜻하는 것이 아니다. 오히려 '보통' 이라는 감각은 역사와 정치 그리고 나아가서는 권력과 깊은 관계를 맺으면서 탄생하는 비보편적이고 비중립적인 것이다.

환상에 오랫동안 길들어져 버리면 그것은 사람들에게 있어 확고히 정당한 것으로 자리잡게 된다. 심지어는 그것에 따르지 않으면 안 된다는 감각도 생겨나게 마련이다. 환상은 모두가 그것이 환상이라는 사실을 잊고 있는 한 환상이 될 수 있는 것이다(Nietzsche, F. (1979). On truth and falsity in their unltramoral sense. In O. Levy(Ed.), The Complete Works of Friedrich Nietzsche. New York: Russell & Russell. p. 174).

무서운 노인

문제의 원인을 '잘 모르는 것 탓으로 돌리는 것', 예컨대 종교라든지 사람의 마음같은 것은 그 잘 모르는 것에 속하는 것 같습니다.

이런 생각을 하다 보니 우사기의 머릿속에 아브라함 매슬로우(Abraham Maslow)라는 '심리학자'가 떠올랐습니다.

매슬로우는 '인본주의심리학'이라는 학문의 중심에 있는 학자로 다음과 같이 인본주의심리학을 정의했죠. 그런데 이러한 인본주의심리학에 대한 정의는 실상 어느 심리학 교과서에도 결코 나오지 않습니다.

"인본주의심리학에 절대적으로 필요한 것이 있다. 그것은 엘리트주의로서 그 사상은 사람의 수준을 나누어 건강한 자와 병자, 승리자와 패배자, 압도적으로 훌륭한 인간(유전적으로 혹은 학습에 의해서)과 열등한 인간으로 구분한다. 그리고 그 엘리트주의는 평등하지 않은 투표, 평등하지 않은 힘의 분배 위에서 성립한다. 우월한 인간 한 사람의 기호(嗜好)와 판단은 수천 수백만 명의 맹목적인 사람들의 기호와 판단보다 존중되어야 한다. 압도적으로 우월한 인간은 증거와 데이터가 없어도 직감적으로 진실의 냄새를 맡을 수 있다. 이러한 생각을 '압도적으로 우월한 인간'의 교의(教義)에 추가하지 않으면 안 된다."

우사기는 '증거와 데이터가 없어도 직감적으로 진실의 냄새를 맡을 수 있다.' 는 발상은 마치 기지제국이 이라크 전쟁을 시작할 때와 다름없다고 생각했습니다. 그런데 그런 소름 끼치는 학문에 '인본주의' 라는 이름을 붙여도 되는 걸까요? 아무튼 이 세상에는 '인본주의심리학' 과 그것에 기초한 '테라피' 를 좋아하는 사람들이 많이 있는 것 같습니다.

매슬로우는 이상적인 인간사회를 그리면서 그런 사회는 '틀림없이 자기실현을 한, 천 명의 사람이 외딴섬에서 외부로부터의 간섭 없이 사는 경우에 나올 수 있는 사회' 라고 말했습니다. 그런데 아무리 봐도 그것은 '우생사상' 혹은 '나치즘' 같은 이데올로기였습니다.

매슬로우는 기지제국이 시작한 베트남 전쟁 같은 대량살상에도 대찬성이었습니다.

한 번은 자신의 제자가 "그러면 베트남 사람의 자기실현은 어떻게 되는 겁니까?"라며 전쟁에 반대하자 매슬로우는 '그녀는 내 가르침을 오해하고 있으며 병적으로 남들 눈에 띄고 싶어 한다!' 고 그 제자를 몇 번이나 공격했다고 합니다.

우사기와 친구들은 '무서운 것일수록 오히려 사람의 호기심을 자극한다.' 는 통념대로 궁금증이 생겨 매슬로우의 일기를 읽어보기로 하였습니다. 그의 일기를 읽고 나서 머릿속에 떠오른 것이 있었는데, 그건 매슬로우라는 학자에 대한 인상이었습니다. 아무리 생각해봐도 매슬로우는 뉴욕의 브룩클린 지구에 살고 있을 듯한 성미가 까다롭고 화를 잘 내고 밉살스러운 유대인 노인의 모습, 바로 그것이었습니다.

그런 식으로 매슬로우를 틀에 끼워넣는 것은 조금 미안하지만, 사실 그가 말하는 '우월한 한 명과 백만 명의 눈먼 자' 같은 틀에 비교하면 그 정도는 죄도 되지 않을 거라는 생각이 들었습니다.

체게바라를 두고 '자기실현' 한 사람이라고?

매슬로우는 '자기실현' 이라는 도무지 알 수 없는 말을 유행시킨 것으로 유명합니다. 그에 의하면 '자기실현' 을 하기 위해서는 '5단계의 스텝' 을 밟고 올라가야만 하죠.

그 단계들은 다음과 같습니다.

(1) 생리적 욕구 – 의식주, 수면, 성욕 등이 채워지는 것
(2) 안전의 욕구 – 몸의 안전, 안정된 삶이 채워지는 것
(3) 애정과 소속감의 욕구 – 사랑이 채워지는 것, 주위 사람들과 잘 지내는 것
(4) 자기존중감(self-esteem)의 욕구 – 주위로부터의 평판, 지위, 명성, 자신감 등이 채워지는 것
네 단계가 채워졌을 때
(5) 자기실현의 욕구 – 진정한 자신이 가진 훌륭한 힘이 발휘되는 것

이 '5단계 스텝'은 돌을 쌓아서 피라미드를 구축하는 것처럼 밑에서부터 쌓아 올라가야 하는 것으로 피라미드의 최고위 단계에 있는 '자기실현의 욕구'는 그보다 밑의 모든 단계가 확립되지 않으면 달성 가능하지 않습니다.

매슬로우가 생각하는 '자기실현한 사람'은 아인슈타인이나 베토벤, 또는 링컨처럼 누가 보더라도 위인들입니다. 그가 신앙으로 생각하는 '심리학자'와 '테라피스트'들도 '자기실현'한 사람들이고, 유명한 스포츠 선수들과 위인전에 나올 법한 사람들이 거기에 속합니다.

"왜 죽은 사람과 만나 본적도 없는 유명한 사람들을 '자기실현'한 사람이라고 단정 짓는 것일까? 나는 너희들을 매일 만나고 있는데도 너희가 자기실현한 사람인지 전혀 모르겠는데?"라고 우사기가 중얼거렸습니다.

게다가 아무리 생각해 봐도 유명한 사람이 되면 될수록 (2)의 몸의 안전이 위협받게 됩니다. 링컨만 보더라도 알 수 있죠. 결국 그는 암살당했습니다!

유명한 락커(rocker) 중에서도 매슬로우가 '자기실현파'에 넣을 것 같은 비틀즈의 리드싱어 존 레논도 암살당했고, 유명한 흑인 목사인 마틴 루터 킹도 암살당했고, 인도의 정치인 간디도 암살당했습니다. 그 밖에도 우리에게 잘 알려진 유명한 사람들은 (2)의 몸의 안전이 늘 위협을 받고 있는 것을 알 수 있습니다.

유명한 사람들은 암살을 당하지 않아도 끊임없이 파파라치나 스토커의 괴롭힘을 당하며 살기 때문에 편안한 기분으로 삶을 영위하는 것이 매우 어렵습니다.

그리고 매슬로우에 의하면 피라미드의 밑 단계가 흔들리면 그것보다 위에 있는 욕구가 일어나지 않기 때문에 그의 논리에 따르자면 유명인들은 사랑도 지위도 명성도 '자기실현' 도 좀처럼 손에 넣을 수 없어야 합니다.

(1)도 이상합니다. 성욕을 채우는 데 관심이 없는 유명한 락커와 스포츠 선수는 이 이론을 뒤집을 정도로 충분히 많이 있습니다.

혁명가인 체게바라는 지금도 많은 사람들에게 사랑을 받고 있기 때문에 매슬로우의 기분 나쁜 용어로 말하자면 '자기실현' 한 사람이죠. 하지만 그는 동산국 정글에서 게릴라로 싸우고 있을 때 집도 없고, 옷도 없고, 잠도 못 자며 병치레에 시달렸습니다. 그럼에도 역사에 울려 퍼지는 말과 미소를 남겼죠. 그는 게릴라였기 때문에 (2)의 몸의 안전을 얻을 수 없었습니다.

그리고 (3)의 사랑의 욕구와 (4)의 자기존중감의 욕구 – 우사기와 친구들은 존중감(esteem)이라는 말이 왠지 찝찝합니다 – 도 당연히 가지지 못했을 겁니다.

매슬로우가 '자기실현' 했다고 보는 예술가들도 (3)과 (4)가 아주 흔들리고 있을 때, 즉 사랑을 느낄 수 없고, 불안하고 화가 났을 때 오히려 사람들의 심금을 울리는 아름다운 음악과 시를 창조하였음에 틀림없습니다.

동산국과 같은 가난한 나라의 대도시에서 가끔씩 마주칠 수 있는 아이들이 생각납니다. 아이들은 하수도에 살며 쓰레기통을 뒤지면서 생활 하는데 마치 늑대와 같습니다.

그 아이들은 부자나라 사람들이 상상도 할 수 없는 배고픔에 시달리고 있습니다. 경찰관과 불량배와 악덕 점주들로부터 개처럼 내쫓기거나 발로 차입니다. 그들은 너무 배가 고파서 공업용 풀과 시너를 빨아먹기도 하죠.

아이들에게는 (1)의 의식주도 (2)의 몸의 안전도 아무것도 없습니다. 오히려 매슬로우의 바보 같은 피라미드를 흉내 내서 말해보면 생활의 기반에 있는 것은 '동료 간의 사랑'과 '동료들로부터의 강한 신뢰' 뿐입니다. 그들은 서로 도와주고 도움을 받음으로써 의식주와 몸의 안전을 위해서 생활을 구축해 나가고 있는 거죠.

물론 우사기와 친구들은 이 동산국 아이들처럼 살아본 적이 없기 때문에 이런 생각에 확실한 근거는 없습니다. 그러나 매슬로우 역시 증거 같은 것은 갖고 있지 않습니다. 그런데도 그는 마음대로 '사람의 마음이라는 것은 이렇게 되어 있다.'고 정해 놓고 도식화시켜 버렸죠. 그리고 그런 매슬로우를 중심으로 한 '인본주의심리학'에 기초해서 사람을 '진단'하거나 '치료'하거나 사람의 마음을 주무르는 사람들이 있습니다.

태양과 비처럼

"말도 안 돼!"

우사기는 매슬로우 이야기를 하는 도중에 감정이 격앙되어서 평소에도 높은 목소리가 한층 더 높아져버렸습니다. 이제 잠자리에 들어가는 것은 아예 포기해야 할 것 같군요.

우사기도 그렇고 키라라나 퀼도 평소에 자신들의 아지트에서 만나는 친구들도 감정이 격앙되는 것은 중요한 것이라고 생각하고 있었습니다. 하지만 아무리 그렇다고 해도 지금은 새벽 2시입니다. 우사기와 친구들이 있는 옥상 밑에서는 역시 그들의 친구인 '산에서 부는 거센 바람'과 그의 가족들이 자고 있습니다.

"좀 조용한 소리로 이야기 하자!"라고 말하며 퀼이 나지막하게 이야기를 시작했습니다.

"보통 '자기실현'이라고 할 때 어떤 상황에서의 '자기'를 말하는 걸까? 길을 걷고 있는데 경찰관이 불러 세웠을 때의 '자기'와 두 살배기 아기와 놀고 있을 때의 '자기'와 집회에서 50명을 앞에 두고 마이크를 잡고 이야기하게 된 '자기'는 각각 다르게 말하고 다른 느낌을 갖지. '자기'는 그때그때 시간과 상황에 따라 달라지는 거잖아."

"어떤 시집을 아침 9시에 읽는 것과 밤 11시에 읽는 것은 똑같은 내용이지만 다른 말을 하고 있는 것처럼 느껴져. '마음'은 하늘과 같이 언제나 모습을 바꾸지. 구름이 나타나거나 활짝 개거나 비가 막 쏟아지거나 비가 온 후에 무지개가 나오거나, '마음'이란 건 그런 거야. 언제나 움직이고 있어서 움직이지 않도록 멈춰 세우려고 하면 그것이 오히려 더 이상하지."

*역자의 생각

'마음'의 변화 가능성 혹은 '유동성'을 간파하고 있는 저자의 관점과는 역방향으로 현대의 주류 교육심리학의 담론은 마음이 인류가 되는 사회적 · 문화적 · 역사적 차원과 마음을 분리할 수 있다는 생각을 다음과 같은 형태로 공공연하게 드러내고 있다.

"학교에서는 교사가 제시하는 문제를 쉽게 풀면서도 가정이나 일상생활에서는 자기가 알고 있는 지식을 제대로 적용하지 못하는 아이들이 있다. 이런 아이들은 결국 자신이 학습한 지식(선행학습)을 새로운 장면(후속학습)에서 활용하지 못하고 있는 것이다. 전이(transfer)란 이전의 장면에서 학습한 지식을 새로운 문제 장면에 가져오는 것, 이전에 학습한 것이 현재의 학습에 영향을 주는 현상을 말한다. 따라서 전이는 학교 교육이 추구하는 중요한 목표의 하나라고 할 수 있다. 즉 수학시간에 사칙연산을 배움으로써 슈퍼마켓에서 물건을 산 뒤 잔돈을 정확하게 거슬러 받을 수 있기를 기대하며…(중략)…결국 전이란 학교 교육의 효과를 판가름하는 하나의 지표가 될 수 있다(박동섭(2011). 불협화음론자 비고츠키).

이 교육심리학자들의 주장은 학교라는 시공간에서 발생한 마음(예컨대 여기서는 수학시간에 배운 사칙연산)은 슈퍼마켓이라는 새로운 시공간을 가더라도 흔들림없이 그대로 나타날 것이라는 암묵적인 전제 위에서 성립하고 있다. 러시아의 심리학자 비고츠키

(Vygotsky)는 이러한 마음의 불변성을 주장하는 주류심리학의 관점을 '영원한 아이(eternal child)' 를 연구대상으로 삼는 것이라며 비판하고 있다. 비고츠키는 이러한 '영원한 아이' 에 대비해서 시공에 흔들리는 마음의 특성을 포착하기 위해 '순간순간을 사는 아이(transitory child)' 를 심리학의 연구대상으로 삼을 것을 강력하게 주장하였다.

"Joy and Pain! Like sunshine and the rain" 우사기가 진지하게 오래된 디스코 히트송을 불러서 퀼과 키라라는 웃기 시작했습니다.

"정말로 진짜로 기쁨과 슬픔, 태양과 비와 같이 이 노래처럼……."

우사기는 "비가 와서 좀 불편하고 힘들 때가 있기 때문에 맑을 때 기분이 좋은 것이지, 계속 맑은 날만 계속되면 맑은 날인지조차 느끼지 못하게 되어버릴지 몰라."라고 말합니다.

"혹은 맑은 날이 계속되다가 모처럼 비가 오면 기분이 좋은 것처럼, 오랜 가뭄으로 농사를 걱정하고 있던 농민이 비가 내리는 것을 보고 기뻐하는 것처럼 … 식물은 태양과 비 둘 다 없으면 자라지 못해."

"그렇지." 퀼이 디스코 히트송의 가사에 조금 감동을 받습니다. "기쁨과 슬픔, 태양과 비처럼 그래."

키라라는 우사기가 노래하는 것이 재미있어서 웃고 있습니다.

"그런 식으로 기분이라는 것은 좋아졌다가 나빠졌다가 하는 것인데 테라피스트들은 '높은 셀프이스팀을 가집시다.' 라든지 '언제나 자신감을 갖자.' 라고 말하고 있지. 서점에 가보면 '자기계발서' 라는 책 코너에 '언제나 긍정적으로 생각하자!' 와 같은 제목의 책이 산처럼 쌓여 있고 잘 팔려나가! 그런 것은 날씨에 비유하면 '계속 맑은 날' 같은 게 아닐까? 계속 맑은 날만 계속되면 식물도 사람도 죽는데 … 그렇지 않아? 그리고……."

키라라는 더 이상 웃지 않습니다. 소녀는 약간 뜸을 들이고 나서

"그리고 아마도 회색은 그것을 노리고 있지."라고 말합니다.

＊역자의 생각

대형서점 사람들의 눈에 잘 띠는 코너에는 한 때 사람들의 입에 자주 오르내렸던 『시크릿』같은 '자기계발서' 를 찾아보는 것은 어렵지 않다. 스티븐 코비의 『성공한 사람들의 7가지 습관』같은 책은 대학에서 리더십 교재로도 사용되고 있다. '성공하기 위해서는 긍정적인 마음을 필수적으로 가져야 한다' '고난과 역경을 뛰어넘기 위해서 긍정적인 마음을 갖는 것 보다 더 중요한 것은 없다' 라는 담론이 세상에 넘쳐나고 그러한 담론에 부응하듯이 대형서점에는 『긍정의 심리학』같은 책들이 불티나게 팔려나간다. 그런 주류

의 담론 속에서 "그럼 긍정적으로 생각하고 긍정적으로 세상을 살기만 하면 만사가 해결되는 것일까?"라고 물음을 던지는 것은 왠지 불경해 보이기까지 한다. 다음의 글은 무조건 긍정적으로 생각하는 것의 허상을 잘 꼬집어서 우리들에게 보여준다.(중략)

질병 덕분에 더 겸손해지고, 범사에 감사하게 되고 사랑이 충만해졌다고 고백하는 이들도 종종 있지만, 생명이 왔다갔다하는 질병의 경우 긍정적으로 받아들이기는 쉽지 않다. 긍정적인 마음이 만사를 형통하게 한다는 긍정주의자들은 암도 선물로 받아들여야 한다고 말하지만, 그럴 경우 자칫 객관적인 눈이 흐려지거나 지나친 감상주의로 흐를 위험도 있다. 심리학과 철학의 외피를 걸치고 등장한 '긍정교'는 복을 구하는 신념체계라는 점에서 기존의 기복신앙과 별 다르지 않다. 신도들의 두려움과 불안을 먹고 사는 병든 신념에 기초하고 있는 신흥종교와 유사하다고도 볼 수 있다. 교주가 따로 없다는 점만 빼고는. 보고 싶은 것만 보려고 하는 인간의 뿌리 깊은 병리 현상과 맞물려 교세를 확장하고 있는 긍정교는 자칫 삶의 모든 문제가 개인의 마음먹기에 달린 것인 양 몰아간다.

입원 환자는 누구나 창가 자리를 원하지만, 그 자리는 한정되어 있다. 내가 차지하면 다른 누군가는 창 없는 병상으로 가야 한다. 유한한 자원을 놓고서 끌어당김의 법칙으로 서로 경쟁하는 것은 전체의 행복지수를 높여주지 못한다. 이명박 대통령 같은 이는 곧잘 자수성가한 자신의 경험을 근거로 젊은이들더러 긍정적인 자세로 임하면 된다고 하지만, 사회 시스템이 받쳐주지 않는 상황에서 개개인의 긍정성은 무한경쟁을 유발할 따름이다. 신앙심 깊은 긍정교의 장로로서는 할 수 있는 말일지 모르지만 사회 시스템을 개선해가야 할 대통령으로서는 적절치 못한 언사인 셈이다. 대기업이 직원들을 해고하면서 동기유발 강좌를 열어 긍정적인 생각을 갖도록 설득하듯이, 모든 일이 마음먹기에 달려 있다는 주문은 힘센 자의 자기합리화를 도와주는 방편이 되기 십상이다.

삶은 안전하지 않다. 살다 보면 달갑지 않은 일도 맞닥뜨리게 된다. 늙음같이 자연스럽게 찾아오는 것도 있고, 지진이나 질병같이 느닷없이 들이닥치는 불청객도 있기 마련이다. 긍정적인 마음을 갖는 것이 어려움을 극복하는 데 도움이 되긴 하겠지만, 문제의 본질을 놓치지 않도록 주의할 일이다. 삶의 근원적인 불안정성을 받아들일지라도 대책 없는 긍정주의보다는 불안정성을 줄여갈 수 있는 노력을 기울여야 한다. 핵 없이도 살 수 있는 세상을 위해 작은 실천을 하고, 자신의 몸과 지구를 위해 더 많이 걷고, 도움이 필요한 이들에게 손을 내밀어야 한다. 내 생명이 언제까지 지속될지, 가까운 이들은 또 언제까지 살게 될지 아무도 알 수 없다. 우리가 할 수 있는 일은 다만 하루하루를 잘 사는 것뿐이다. 어떤 관계를 맺고 어떤 삶의 질을 만들 것인가는 우리 스스로 결정할 수 있다. 서로를 돌보면서 이 지구별에서 주어진 시간을 잘 보내는 것 말고 우리가 할 수 있는 일이 무엇일까(현병호(2011). 《민들레》75호. 민들레출판사. p. 106~107).

윌리엄 제임스와 셀프이스팀

"셀프이스팀이라는 말은 120여 년전에 처음으로 사용될 때부터 명확한 의미가 부여되어 있었어. 그리고 그 의미는 기본적으로 오늘날까지 변하지 않았지. 그것은……."

키라라는 그렇게 말하고는 노트에 다음과 같이 써서 퀼과 우사기에게 보여줍니다.

$$셀프이스팀 = \frac{실현된\ 일}{기대치}$$

"스포츠 시합에서 8강 정도는 들어가지 않을까 기대를 했는데 실제로 시합을 하다 보니까 우승을 손에 쥐었다고 하자. 그러면 '8강 정도라고 생각하고 있었는데 우승을 해 냈다!' 라며 셀프이스팀이 올라가겠지. 만약 예상했던 대로 8강에 들고 보면 '음 역시 이 정도군' 이라고 생각하게 되고, 반대로 성적이 기대와는 달리 나빠서 16강에 겨우 들었다면 실망하게 되고 따라서 셀프이스팀은 낮아지게 되지."

"이 셀프이스팀이라는 녀석이 자신감인지 자존심인지 아니면 자신에 관한 기분이 좋아진다는 것인지, 그런 거는 아무래도 상관없어. 어쨌든 그것은 게임 같은 것으로 그 말의 의미는 이런 식으로 풀 수 있어."

키라라의 말을 듣고 우사기가 자신의 의견을 말합니다.

"어쩐지 알 것 같아! 처음으로 요리책을 보면서 음식을 만들었는데 별 기대도 하지 않고 완성된 요리를 먹어 보니 그럴싸한 맛이 날 때 '와 해냈다. 나도 잘할 수 있어.' 라는 느낌을 받는 것과 비슷하지 않을까. 그런데 나중에 똑같은 요리를 한 번 더 만들게 되면 '요전에 잘 만들었으니까 이번에는 좀 더…….' 라고 기대하게 되지. 하지만 첫 번째 요리와 똑같은 수준의 완성도인데도 '역시 나는 그렇게 요리를 잘하는 사람이 아닌 것 같아.' 라고 실망하게 되는, 뭐 그런 이야기 아니야?"

키라라가 대답합니다.

"응! 그렇지. 이 공식을 생각해 낸 윌리엄 제임스(William James)라는 심리학자는 그 뒤에 나온 심리학자들과 달리 바보가 아니었어. 왜냐하면 실제로 있을 법한 이야기를 하고 있거든!"

"얼간이라고 하면 매슬로우를 가리키는 거야. 매슬로우는 제임스를 '자기실현한 사람' 중의 한 사람으로 꼽고 있는데 그렇게 제임스를 칭송하고 있으면서도 정작 제임스의 이야기에는 제대로 귀를 기울이지 않았던 것 같아. 제임스는 '이 셀프이스팀은 사람들의 마음속에서 뭔가 꿈틀거리는 따라서 설명이 불가능한 것이기 때문에 매일 올라가거나 내려가거나 합니다. 주위 사람들이 자신을 어떻게 생각할까 같은 문제하고는 관계가 없어요. 여러분 알겠죠?' 라고 말하고 있지. 사람의 기분은 좋거나 나빠지거나 하는 거야. 피라미드의 돌처럼 단단하게 고정된 것이 아니란 말이지. 제임스는 그것을 알고 있었어. 우리 같은 보통 사람들처럼."

"보통 사람. 모두 보통 사람인 거야."라고 퀼이 맞장구를 쳐줍니다.

키라라가 다음과 같이 덧붙입니다.

"그래. 그런 것도 모르고 매슬로우처럼 '자기실현된 우수한 인간이 천 명 모이면 이상적인 사회가 실현된다.' 고 생각하는 소위 지식인들은 자신들이 그 천 명에 들어갈 정도로 우수하다고 생각하고 있는 것일까? 모르겠어, 모르겠단 말이야……."

* 역자의 생각

이 동화에서 보통사람을 대변하고 있다고 자칭하는 우사기, 퀼 그리고 키라라는 뭔가에 대해 답을 해주는 존재가 아니라 그 뭔가에 대해 늘 날카로운 물음을 던지고 있다. 여기서 거론되고 있는 윌리엄 제임스라는 심리학자 또한 우리가 늘 주위에서 쉽게 접할 수 있는 해답만 제시하는 전문가들과는 달리 인간의 마음과 심리에 대한 '건강한 물음' 의 중요성을 역설하고 있다.

물음보다 해답을 내어 놓는 것에만 관심이 있는 '전문가 집단' 에 대해 철학자 이왕주는 다음과 같이 꼬집는다.

'전문가들은 한두 가지 공통된 특징을 보인다. 우선 그들은 도대체 모르는 문제가 없다. 어떤 물음 앞에서도 확신에 찬 청산유수의 달변으로 답해준다. 그들의 자존심은 글쎄 … 하고 말꼬리를 흐리는 것, 주저하거나 더듬거리는 것조차 용납하지 않는다. 만약 그들이 모른다면 그것은 신조차 모르는 것이다. 아니면 그것은 상황이 잘못됐거나, 문제가 틀렸거나 아니면 조건이 어긋난 것이다.

그 다음으로 그들은 답해주는 자로서만 존재하고 묻는 자로서 존재하지 않는다는 것이다. 그들이 노심초사하는 것은 자신들의 전문적인 지식으로써 비전문인들을 계몽시키는 것뿐이다. 그들은 대화라는 것이 오직 시간 낭비일 뿐이라는 사실을 굳게 믿는다. 그래서 그들은 오직 전문가로서의 탁월한 식견 · 지식 · 통찰을 보여주려 할 따름이다. 그들에게 언제나 청중이 필요하고 마이크와 카메라가 필요한 것은 그 때문이다. (중략)

공자는 말했다. "어찌할꼬 어찌할꼬 묻지 않는 자들은 나도 어찌할 수 없다(不曰如之何如之何者, 吾末如之何也已矣)고. 이 전문가 무리들이야말로 공자도 어찌할 수 없는 바로 그런 유의 사람들이리라. 그들은 그들 자신조차 어찌할꼬 어찌할꼬 고민해야 할 대목에서 오히려 더 확신에 찬 표정과 요란한 손짓으로 카메라와 마이크 앞에서 침 튀겨가며 그 탁월한 견해들을 떠들어댈 뿐이니 말이다(이왕주(2007). 쾌락의 옹호. 문학과 지성사. p. 112~114)."

출제자가 갖고 있는 대답

키라라의 말이 이어집니다.

"어쨌든 '셀프이스팀'은 '자신에 관한 기분 좋음'이라든지 '해냈어! 나도 할 수 있어'라든지 그런 종류의, 예컨대 기분이 좋아지거나 침울하거나 하는 것은 문제가 아니야. 문제는 그런 기분을 무리하게 컨트롤하려고 할 때 일어나는 법이지. 다시 한 번 셀프이스팀이라는 말의 공식을 살펴볼까.

$$\text{셀프이스팀} = \frac{\text{실현된 일}}{\text{기대치}}$$

이 식을 보면 셀프이스팀을 올리기 위해서는 두 가지 방법이 있어. 하나는 실제로 '우승 한다'든지 '요리를 잘 만드는' 것처럼 좋은 일이 실현되도록 열심히 하는 거지. 이것은 분자를 크게 해서 셀프이스팀을 올리는 방법이야. 그리고 또 한 가지는?"

"아, 그것은 좀 그래!"라고 우사기가 키라라의 말에 대답을 주저하자

"응, 그것은 좀 그렇지"라고 퀼이 우사기의 말에 맞장구를 쳐줍니다. 하지만 우사기는 다음과 같이 그 나머지 한 가지에 대해 구체적으로 설명을 해줍니다.

"응, 분모를 작게 하는 방법은 기대를 하지 않고, 희망이 없

다고 미리 단정 지어버리고 큰 희망을 갖지 않고 포기한 기분으로 살면 되지. 그러면 분모가 작아져서 셀프이스팀은 자동적으로 높아지게 되지."

"하지만 '셀프이스팀을 올립시다. 자신의 기분이 좋아지도록 합시다.' 라는 책과 테라피스트들은 절대로 '기대와 희망을 작게 하면 셀프이스팀이 올라갑니다. 이 공식을 보세요.' 라고는 말하지 않아. 그렇게 되면 '기대하지 마세요. 포기하세요.' 라고 말을 하는 꼴이 되어버리기 때문에 테라피스트를 찾은 사람들이 부정적인 느낌을 갖게 되어 테라피가 성립되지 않게 되거든. 전문가들은 그런 방식을 취하는 대신 셀프이스팀이 무엇인지에 대해 예를 들거나 앙케이트에 대답하게 하면서 부지불식간에 셀프이스팀의 구조를 상대방에게 주입시키지. 즉 상대방의 마음속에 이 공식의 구조가 자연스럽게 녹아들도록 하는 거야."

"그리고 바로 그 시점에서 '셀프이스팀을 높이기 위해서 혹은 기분이 좋아지기 위해서 어떻게 하면 좋을까요?' 와 같은 퀴즈를 내지."

"물론 '노력해서 좋은 것을 실현하면 자신감이 생겨서 기분이 좋아진다.' 라는 정도는 누구나 알고 있어. 사람들은 바보가 아냐. 따라서 전문가는 이 셀프이스팀이라는 게임의 흔히 알려져 있지 않은 비법을 찾아 내지. 그 비법이라는 것은 분모를 작게 하는 것, 즉 사람들의 기대와 희망을 축소시키는 거야.”

“심리학자들은 흔히 알려져 있지 않은 이 비법을 잘 알고 있어. 그것뿐만 아니라 ‘사람은 어디까지 기대를 작게 하려고 하는가?’ 와 같은 연구도 하고 있어.”

“예를 들어 스포츠 선수가 기대를 작게 해서 ‘단지 예선을 돌파할 수 있으면 그것으로 충분해’ 라고 처음부터 희망을 작게 갖는다고 치자. 그러면 결과가 16강이든 8강이든 낙담하지 않게 되지. 이것은 기본적으로 분모를 작게 하는 방법이야. 심지어 극도로 분모를 작게 하는 방법에 눈뜬 선수도 있어. 그래서 그들은 시합 전날 연습을 하지 않아. 연습을 하지 않으면 시합에 져도 ‘이길 수 있는 가능성이 원래 없었어. 어제 연습도 안했었거든’ 이라고 변명을 할 수 있지. 그러다가 혹여 우승이라도 거머쥐게 되면 ‘연습도 안 했는데 우승하다니 나라는 사람 정말 대단해.’ 라며 셀프이스팀이 굉장히 오르게 되고, 즉 최악의 경우 시합에 지더라도 자신이 싫어지는 것은 피할 수 있게 되는 거야.”

“극단적으로 분모를 작게 하는 방법, 즉 연습을 하지 않는다든지 일부러 부상을 당해서 자신의 기대와 희망을 미리 축소시키는 일, 이것을 기지제국 심리학자들은 ‘셀프핸디캡(self handicap: 스스로 자신을 움직일 수 없게 하는 것)’ 이라고 부르고 있어.”

“기지제국에서 셀프이스팀에 관해 이루어진 연구는 전부 1

만8000건 정도 있는데, 굉장한 숫자지. 그중에서 분모를 작게 하는 방법은 '자기규제(self-regulation)' 혹은 '셀프핸디캡' 그리고 '자기고양적 편향(self-serving bias)'[5] 같은 말로 1970년대부터 연구되어 왔어. 그걸 연구하는 사람들은 제국의 보건당국(보건복지부)으로부터 연구비를 받고 있는 엘리트 심리학자들이지."

"물론 심리학자들은 '높은 셀프이스팀을 가지려고 하면 사람은 기대를 하지 않게 되거나 혹은 큰 희망을 갖지 않게 되어서 포기한 기분으로 살게 됩니다.'라는 식으로 알기 쉬운 글은 쓰지 않아. 논문이라는 것은 어려운 말로 쓰고, 수식 같은 것을 섞어서 쓰는 것이 일반적이지. 보통사람들이 모르도록 일부러 그렇게 어렵게 쓰는 걸까? 아니면 어려운 말을 쓰는 것이 멋있다고 생각하고 있는 걸까?"

"그런데 사람들에게 흔히 알려져 있지 않은 비법, 즉 '기대를 줄이는 것' 혹은 '큰 바람을 갖지 않는 것' 같은 것은 실은 비법이 아니야. 그것은 다름 아닌 '셀프이스팀을 높이기 위해서는 어떻게 하면 좋을까요'라는 퀴즈를 출제한 사람이 기다리고 있는 대답인 거지."

---

5) 자신에게 유리하도록 현실을 왜곡해서 보는 것 또는 현실을 보지 않도록 하는 것; 자신이 초래한 긍정적인 결과에 대해서는 과대평가하는 반면, 부정적인 결과에 대해서는 과소평가하는 경향으로, 유쾌한 정서와 결합되면 더욱 증가한다(곽호완 외(2008). 실험심리학용어사전. 시그마프레스).

“그런데 문제는 흔히 알려져 있지 않은 비법을 발견했다고 생각하면 사람은 신이 나서 그 비법을 계속해서 사용하게 돼. 스스로 ‘그래 맞아, 포기한 기분으로 있으면 되겠네.’ 라고 자각을 하기 때문에 의욕적으로 매일 포기한 기분을 가지려고 하는 거지.”

“그런 식으로 사람들이 기대를 갖지 않고 큰 바람을 갖지 않고 포기한 기분으로 사는 것을 바라는 사람들이 있어. 그 사람들은 셀프이스팀에 관한 심리학자들의 연구를 쌍수를 들고 반기지. 그리고 즐거이 그 글들을 읽고 심리학자들에게 연구비를 듬뿍 대주니까 결국 ‘18,000건이나 되는 연구’ 가 나온 거야. 기지제국 바깥에서도 셀프이스팀이라는 말이 점점 확산되고 있어. 사람들이 포기한 마음으로 사는 것을 바라고 있는 사람들이 도처에 있다는 거지.”

기업적인 사회를 설계하기

퀼이 말을 이어 나갑니다.

“‘회색의 수하들…….’ 회색의 남자들과 그 남자들처럼 된 여자들. 그들은 사람들이 포기한 마음으로 살도록 하기 위해서라면 뭐든지 하지.”

키라라가 말을 받습니다.

"맞아, 그런데도 … 때때로 '회색의 수하들은 오로지 경제만을 생각하고 있어. 그들은 사회에 관해서는 전혀 관심이 없어.' 라고 말하는 사람들이 있어. 참 착각도 여러 가지지."

"예를 들면 '오늘날의 기업적인 사회 설계자' 피터 드러커(Peter Drucker)를 생각해 보자. '세계 경영이론의 최고의 선구자. 민영화의 추진력' 이라는 혁혁한 공을 세운 대가로 기지제국으로부터 자유훈장을 받은 그의 논문은 회색의 수하들이 애독하는 잡지 《회색비즈니스리뷰》에 수십 번이니 인용되고 있어."

"그 수십 번 나오는 이야기 중 최초의 논문 첫행을 읽어볼까. '국민들이 이익을 올리는 것의 필요성을 자기 나름대로 이해해서 받아들이지 못하면 우리 시스템에 미래는 없다.' 1950년의 《회색비즈니스리뷰》에 나오는 내용이야. '국민이 이해해서 받아들이게 하는 것.' 이렇게 명백하게 말하고 있는데도 왜 많은 사람들은 '비즈니스계의 리더들은 경제만을 생각하고 있다.' 고 믿는 거지? 사실 '비즈니스계의 리더들은 사회를 어떻게 할 것인지 생각하고 있다.' 는 것이 현실인데도."

퀼이 다시 말을 잇습니다.

"드러커의 말은 곧바로 현실 사회에 영향을 주지. 어려운 말을 갖고 노는 철학자들과는 비교가 안 돼. 일단 그의 책이 팔리는 부수가 세계적으로 수천만 부나 되니까. 게다가 드러커의 책을 읽는 사람들은 어려운 내용을 음미하면서 기뻐하는 지식의 소비자들이 아니야. 드러커 책의 대부분의 독자는 현실에서 사용되는 구체적인 예산을 쥐고 흔드는 회색의 수하들이야. 드러커의 말은 그 수하들을 통해서 일반 사람들의 매일의 삶, 그리고 매일의 기분에 수술용 기계손 같은 것을 내밀지."

우사기가 끼어듭니다.

"수술용 기계손이구나. 기계손이 사람의 마음 안에서 올라갈 때도 있고 내려갈 때도 있는 기분이라는 것을 움직이지 못하도록 하는 것인가."

퀼은 우사기가 든 비유가 별로 마음에 들지 않아서 그의 말을 못 들은 척하고 말을 계속 이어 나갑니다.

"게다가 그들은 몸소 대기업과 정부의 컨설턴트가 되지. 기지제국이 드러커에게 자유훈장을 줬을 때 표창장의 문구에는 피터 드러커는 '몇몇 정부와 공공기관과 대기업에서 컨설턴트를 하였다.'고 쓰여 있어. 여기서 말하는 몇몇 정부는 〈뉴욕타임스〉에 의하면 기지제국과 그림책 나라 그리고 캐나다야."

"그림책 나라 … 그림책 나라 사람들은 그것을 알고 있는 걸까?"라고 우사기가 묻습니다.

이번에는 퀼이 우사기의 말에 반응합니다.

"글쎄? 어쨌든 드러커의 책 중에서 1946년에 나온 《기업이라는 개념》의 영향력이 단연 크지. 이른바 비즈니스 관련 최초의 책이었어. 이 책은 그 뒤에 엄청 나온 비즈니스 관련 서적의 시초가 되었지."

*역자의 생각

'경영학과 경제학이 정치학이 된다는 본문에 나오는 내용과 더불어' "비즈니스계의 신분이 높은 사람들은 사회를 어떻게 할 것인지 생각하고 있는데도……." 이 말처럼 현재의 한국 정세를 잘 보여주는 말이 있을까? 즉 이명박 정부의 '경제를 살린다' 는 슬로건은 결코 가치중립적인 말이 아니라 특정한 목적(?)을 성취하기 위한 명백한 '정치적인 말' 이다. 다음의 정성진 선생의 지적은 참으로 옳다.

이명박의 '경제 살리기' 구호가 재벌의 이익을 위한 이데올로기라는 점만이 문제인 것은 아니다. '경제 살리기' 라는 말 자체가 틀렸다. '경제 살리기' 가 말이 되려면 한국 경제가 위기나 침체 상황이어야 한다. 그러나 사실은 완전히 다르다. 세계은행(2007)에 따르면 2003~2005년에 한국의 국내총생산 성장률은 평균 3.9퍼센트로 같은 기간의 OECD 국가 평균인 2.5퍼센트보다 1.4퍼센트포인트 더 높았다.

이명박 정부의 진정한 과제는 이른바 빈사 상태에 빠진 경제 자체를 살리는 것이 아니라 심화하는 세계경제 위기의 심연에서 한국 경제를 구하는 것이다. 그러나 이명박 정부는 이미 이런 시험대를 통과하지 못했다. 이명박의 경제 정책에는 새로운 것이 전혀 없다. 그가 축적체제를 혁신할 필요성을 전혀 이해하지 못한다는 점도 말할 나위 없다. 이명박은 전임 김대중 · 노무현 정부의 정책들이 '좌파적' 이라며 폐기하려 한다? 심지어 낡은 축적체제를 개혁

하려던 시도조차 폐기 대상이다. 따라서 이명박에게 남은 선택은 박정희식 국가 주도, 친재벌, 반反노동자, 물량 위주의 축적체제로 돌아가는 것뿐이다. 이명박은 심지어 1997년 위기로 명백히 드러난 사실, 즉 그가 그토록 소중히 여기는 박정희식 국가 통제 체제가 이미 오래 전에 끝장났다는 것조차 무시하는 듯하다(정성진(2010). 신자유주의에 대한 개혁주의적 대안의 문제들. 〈마르크스21〉5호).

즉 오자와 켄지의 생각에 정성진의 생각을 포개보면 이명박 정부가 '오로지 경제만을 생각해서 경제 살리기에 총력을 기울인다고 공표하는 것은 실은 이전의 김대중, 노무현 정부 때와는 다른 사회 즉 박정희식 국가주도의 사회, 친재벌 반노동자 및 반서민 사회, 그리고 물량위주의 축적사회를 만드는데 관심이 있다는 것을 여실히 보여주는 것이라 할 수 있다.

회색의 수하들의 잠 못 이루는 밤

퀼이 계속 말합니다.

"그 책에서 드러커는 '산업시민권'이라는 말을 하고 있어. 그 말은 '회색이 발행하는 시민권'이라고 바꾸어 말해도 상관없어. 그 시민권 수가 회색이 만들어내는 세계에서는 아주 적은 것 같아. 즉 시민권이라는 것이 사회로부터 혜택을 받고 기분 좋게 사는 권리라고 한다면, 회색이 만들어 내는 세계에서는 이 시민권이 주어지는 사람은 소수이고 거의 대부분의 사람에게는 시민권이 주어지지 않아. 이런 걸 보면 '승리자? 패배자'라는 매슬로우의 문장이 떠오르지. 매슬로우와 드러커의 관점은 비슷해."

퀼은 언제나 들고 다니는 수첩을 뒤적여 원문을 찾고 있습니다. 그리고 그 내용을 읽습니다.

"아, 여기 있어. 한번 읽어볼게. '회색이 만들어 내는 세계에서 일하는 사람들의 대부분은 일에 만족감을 갖지 못한다. 그들에게는 물건을 만드는 기쁨이 없다. 자신이 무엇을 하고 있는지도, 왜 일을 하고 있는지도 모른다. 일에 의미를 느끼지 못하고 단지 돈을 받기 위해서 일하고 있는 것뿐이다. 그렇게 일하는 사람들은 시민권을 갖고 있다는 만족감을 갖지 못한다. 왜냐하면 그들에게는 시민권이 주어져 있지 않기 때문이다. 보람을 느끼지 못하는 일을 단지 먹고 살기 위해서 하는 사람을 시민이라고 부르지 않는다.'"

"그렇게 말하며 드러커는 회색의 시스템에 있어서 가장 큰 문제는 '기계적인 것' 도 아니고 '기술적인 것' 도 아닌 '사회적인 것' 이라고 말하고 있어. 그게 무슨 의미일까?"

"그것은 역사상 시민권 발행수가 적은 사회가 어떻게 되었는지를 생각해보면 알 수 있어. 시민권이 소수의 사람들한테만 주어지고, 그 이외의 사람들은 학대받고 착취를 당할때 사회에서는 무엇이 반드시 일어날까?"

"혁명"이라고 우사기가 말합니다.

"반드시 혁명이 일어나!" 퀼이 고개를 끄덕입니다.

"맞아, 드러커는 '혁명을 조심해!' 라고 말하고 있어."

"그런데 '혁명 같은 것은 먼 이야기다. 내가 살고 있는 곳에서는 일어날 일이 없다.' 는 식으로 생각하도록 부자나라 사람들은 길들여져 왔어. 반면에 회색의 수하들은 잘 알고 있지. '내일 혁명이 일어날지도 모른다.' 라고 늘 생각하고 있기 때문에 매일 그들은 두려움 때문에 선잠을 자고 있어. 회색이 만들어내는 이 시민권이 적은 사회는 언제나 혁명의 벼랑 끝을 걷고 있다는 걸 그들은 잘 알고 있는 거야. 바로 거기에 혁명의 위험성이 도사리고 있지."

"그 혁명이라는 것은 무장혁명만을 뜻하는 게 아니야. 혁명정권을 세우는 혁명만이 아닌 거지. 회색의 수하들이 두려워하는 것은 사람들이 현실에 눈을 떠서 '안돼, 안돼. 이런 사회는 안돼! 좀 더 나은 사회를 만들자' 라고 생각하기 시작하는 거야."

"그것을 피하기 위해서는, 즉 혁명을 피하기 위해서는 사람들의 희망을 작게 하지 않으면 안 되는 거지. 사람들의 마음속에서 뽑아도 다시 자라는 잡초 같은 '희망' 이라는 녀석을 근절시키지 않으면 안 되는 거야."

*역자의 생각

'세종시 총리' 라는 닉네임이 붙은 정운찬 전국무총리, 어느 매스컴에서는 그의 퇴임에 즈음하여 '퇴임보다 취임이 아쉬웠던 총리' 라는 문구로 국무총리 취임을 아예 하지 말았어야 할 인사로 그를 직설적으로 비판하고 있었다. 세계적인 경제학자로 알려져 있는 그에게 기자가 청년실업률과 관련해서 대책이 있습니까? 라고 물었다. 그러자 그는 한 치의 망설임도 없이 "청년들이 눈높이를 낮추어야 한다."라고 대답을 했다. 순간 나는 "어떻게 소위 세계적인 경제학자가 저런 말을……."하고 아연실색하고 말았다. 사람들에게 희망을 작게 하는 폭탄을 장착하는 것은 다름 아닌 이것을 두고 하는 말이 아닐까?

경영학이 정치학이 된다

퀼이 계속 말합니다.

“사람들이 희망을 갖지 않게 되고, 사회에 기대하지 않게 되고, 자신이 살고 있는 사회에 관해서 포기하는 그런 분위기가 세상에 만연하면 혁명은 절대 일어나지 않아.”

우사기가 끼어듭니다.

“혁명이 일어나면 회색의 수하들이 왜 곤란할까? 예를 들면 달의 배꼽의 나라는 40개국이나 되는 나라와 자유무역조약을 맺고 있어. 그 덕분에 부자나라들의 많은 대기업이 달의 배꼽의 나라에 자동차 부품과 전기제품과 플라스틱 제품을 생산하는 공장을 세워서 자신들의 나라에서는 불가능한 환경오염을 계속 일으키고 있어. 그리고 원유를 퍼 올리는 시설을 세워서 원래는 달의 배꼽의 나라 국민들의 것, 아니 인류 모두의 것인 천연자원을 마치 자기네들 것인 양 주무르고 있지.”

“만약 달의 배꼽의 나라에서 혁명이 일어나면 그런 공장과 시설이, 즉 부자나라들의 투자자들이 마음대로 세우고 운영하던 공장과 시설이 현지 사람들에 의해서 점거될 거야. 그것만으로도 회색에게는 큰 타격이지.”

“그러니 가능하면 사람들이 생각하지도, 사회에 기대를 갖지도 않고 포기한 기분으로 살며 희망을 갖지 않도록 하지.”

“셀프이스팀은 이런 식으로 써도 좋을 것 같은데”

$$\text{셀프이스팀(자신의 기분 좋음)} = \frac{\text{현실}}{\text{희망}}$$

"헉! 아뿔싸, 회색의 속셈이 만천하에……."라고 키라라가 말합니다.

우사기가 계속 말합니다.

"맞아, 희망을 갖지 않도록……. 그러니까 '셀프이스팀을 높이자'라고 말하는 사람은 아무래도 희망을 작게 하는 것 같아. 현실을 크게 하는 것은 예사 일이 아니니까 결국 편한 것을 택하다 보니 희망을 작게 해버리는 거지. 그것에 관한 연구는 1980년대 전반까지는 틀이 완전히 갖추어졌다고 볼 수 있어. 좀 더 조사해볼 필요가 있긴 한데 1만8000건 정도의 연구 결과가 있거든……."

"회색의 수하들이 기업 내에서 카운슬러를 활용한 것은 훨씬 이전인 1930년대부터였어. 하지만 그들에게 있어 가장 큰 문제는 사회적인 것들이야. 사회에 손을 뻗치기 위해서는, 드러커가 말하는 국민에게 손을 뻗치기 위해서는 정부에 들어가지 않으면 안 되지."

"그것 때문에 어떤 나라에서든 기지제국의 '회색비즈니스 스쿨' —회색비즈니스 스쿨의 출판원— 에서 교육받은 기업 경영자와 경제학자들이 계속해서 정부의 직책을 맡게 되지.

그리고 직책을 맡는 것으로 끝나는 것이 아니라 기지제국에서는 부시2호라는 회색비즈니스 스쿨 졸업생이 가장 위에 있었잖아. 기지제국의 부통령도 군사 · 건설기업의 경영자이고. 그리고 그 뱀과 같은 얼굴을 한 국무장관 이 사람도 석유기업의 중역이었어. 기지제국을 비롯해서 다른 어떤 나라에서도 경영자가 정치가가 되지. 경영학이 정치학이 되는 거야. 그리고 석유의 흐름을 컨트롤 하려고 이라크를 공격하고."

"다시 셀프이스팀 이야기로 돌아가자면 회색의 수하들은 기업 내에서 일하는 사람들에게 카운슬러를 적용하는 것만으로는 만족하지 않아. 그렇게 해서는 기업에 소속되지 않은(기업 외부에 있는) 사람들의 마음을 손에 넣을 수 없기 때문이지. 기업에서 일하지 않는 일반 국민의 마음에 셀프이스팀이라는 폭탄을 장착하기 위해서는 어떻게 하면 좋을까?"

"셀프이스팀이라는 폭탄"

우사기와 퀼이 그 말을 동시에 내뱉습니다.

퀼이 말합니다.

"음 … 그건 바로 희망을 죽이는 폭탄이지."

"게다가 자신의 내면에 있는 희망을 하나씩 하나씩 죽여 나가는 세균병기지!"라고 우사기가 말합니다. 그리고 다음과 같이 퀼의 말을 보충해 줍니다.

"맞아, 폭탄! 나는 어려운 말로 쓰인 논문을 읽으면서 이것이 폭탄을 설계하는 것과 비슷하다고 생각했었어. 핵폭탄을 설계한 사람들은 좋은 사람들이었던 것 같아. 그것과 느낌이 비슷해. 셀프이스팀을 연구해온 심리학자들은 꽤 좋은 사람들(?)인 것 같아."

퀼이 묻습니다.

"네가 말하는 지옥으로 가는 길을 안내해 주기 때문에?"

우사기가 대답합니다.

"맞아, 지옥으로 가는 길을 안내해 주기 때문에 그들은 언제나 좋은 사람들이야."

회색의 '사회에 예방주사 놓기'

"어쨌든" 키라라는 이야기를 다시 셀프이스팀으로 돌립니다.

"셀프이스팀이라는 폭탄을 국민의 마음에 장착시키려면 어떻게 하면 될까? 그것은 간단해. 국회를 이용하는 거지. '국회라는 것은 들은 대로 행하는 법이다.' 라는 글이 1987년의 《회색비즈니스리뷰》에 실렸는데 회색의 수하들은 그것을 잘 알고 있어."

"세계에서 6번째로 큰 경제권인 캘리포니아주에서 1984년에 '셀프이스팀과 자기책임, 사회에 대한 책임을 위한 심의회' 를 만드는 법안이 주의회에 제출되었지. 그리고 나서 1986

년에 법령화, 연이어 1987년에는 12억 원의 주 예산을 확보하게 되었어."

우사기가 뭔가 알았다는 듯한 표정으로 말합니다.

"아, 그런 거야? 처음에는 그 심의회의 이름이 왜 셀프이스팀과 자기책임, 사회에 대한 책임인지 잘 몰랐는데 이야기를 듣다 보니까 알 것 같아. '셀프이스팀을 올리자!' 라고 하면 사람들은 희망을 작게 해서 자기규제를 하게 되고 '스스로 자신을 움직이지 못하게 만드는' 자기감시를 하게 되어서 과감한 일을 할 수 없게 되지. '셀프이스팀을 올립시다!' 에 그런 효과가 있기 때문에 그런 이름이 붙은 게 아닐까? '자기책임, 사회에 대한 책임' 이라는 말은 사람을 얌전하게 만드는 역할을 하는구나."

키라라가 대답합니다.

"맞아! 그리고 1990년에 셀프이스팀과 자기책임, 사회에 대한 책임을 위한 심의회의 최종보고서가 나왔는데, 그 보고서에는 사회에 예방주사를 놓는 것을 목표로 하고 있다고 쓰여 있지. 그게 바로 혁명이라든지 큰 희망에 감염되지 않도록 하는 예방주사인 거야."

"심의회의 중심 의원은 이름이 길어서 잊어버렸는데, 일단 '미스터 테라피' 라고 해두자. 그는 몇 번이나 '사회적인 예방주사' 라고 말하고 있는데 아무래도 '기업과 사람의 관계는 사회적인 것' 이라는 회색수하들의 생각과 딱 맞아떨어진 것 같아. 혁명과 희망을 일종의 병으로 보고 예방주사를 놓는다는 발상이지."

우사기가 한마디 거듭니다.

"예방주사라기보다는 아무리 생각해봐도 세균을 주사하고 있다는 느낌이야. 그 주사를 맞으면 몸속에서 희망이 죽어가고 포기하고 싶은 기분이 몸 전체에 퍼지게 되지."

퀼도 한마디 거들었습니다.

"확실히 … 기지제국 친구들에게서 그런 삶의 태도를 느낄 때가 있어. '기대하지 말자. 포기한 마음으로 살자. 큰 희망을 갖지 않도록 하자' 라는 바로 그 삶의 태도 말이야."

"기지제국 친구 한 명에게 내가 생각하고 있는 것을 이야기해봤어. 내 말이 끝나자 그 친구는 '너무 정확히 핵심을 찔러 듣고 있자니 괴로웠다. 내 희망도 죽임을 당했고 친구들과 가족들의 희망도 계속 죽임을 당하고 있다.' 고 말하더군."

싱크탱크의 이상한 면면

키라라가 계속 말합니다.

"그런데 1990년에 나온 최종보고서 내용은 엄청난 속도로 제국의 모든 곳으로 퍼져나갔지. 제42대 미국 대통령이었던 빌 클린턴은 대통령이 되기 전 1990년 어느 집회의 연설에서

'보고서는 놀랄 만한 수준이다.' '기지제국은 사회문제에 새로운 예방적인 방법을 취해야 한다.' '셀프이스팀은 시대가 요청하는 훌륭한 방법이다.' 라고 말했다고 하는데 클린턴은 여러 의미에서 테라피적인 대통령이니까 놀랄 만한 일도 아니지."

"당시 군부최고의장이었고 그 뒤에 국방부장관과 국무장관을 역임했던 파웰이라는 사람은 1991년 LA의 '셀프이스팀 심의회의' 에 다음과 같이 편지를 썼어. '모든 국민의 셀프이스팀과 자기책임, 사회에 대한 책임을 높이고 그것을 유지하는 작전은 제국에 있어서 생명선이다.' 그런데 이것은 놀랄 만한 일이야. 왜냐하면 드러커의 '국민이 받아들이지 않는다면 회색의 시스템에 미래는 없다.' 는 발상을 떠올리게 하거든."

우사기가 갑자기 기지제국의 대통령 일가 이야기를 꺼냅니다.

"바바라 부시, 그녀는 부시1호의 와이프로 2호의 어머니이기도 하지. 부시 정권의 비정한 싸움개인 그녀는 이라크 전쟁에 관해 '죽음이라든지 시체를 넣은 봉지라든지 그런 게 무엇이든지 나하고는 관계없어. 왜 나의 아름다운 마음을 그런 것을 생각하는 데 낭비해야 되는 거야?' 라고 말했지."

"그 싸움개도 1991년에 '직장에서의 셀프이스팀을 위한 회의' 에 편지를 쓰는 등 셀프이스팀 운동에 일익을 담당했어. 그녀는 편지에서 '낮은 셀프이스팀은 약물중독과 그것이 가져오는 비참한 생활과 깊은 관계가 있습니다. 셀프이스팀은 인생의 모든 것과 관계가 있습니다.' 라고 썼다고 해."

"심의회의 중심이 된 미스터 테라피라는 의원은 클린턴처럼 '좋은 사람 이미지' 로 몸을 감싼 정치가인데, 사실 그는 악의 화신이라 불렸던 '엔론' 같은 기업으로부터 정치 헌금을 받았지. 게다가 더 놀라운 것은 '엔론' 이 한창 죄악을 저지르고 있을 때 그런 짓을 했다는 거야. 그 밖에도 뱀의 얼굴을 한 국무장관의 여인은 자신이 중역을 맡고 있던 석유기업과 우울증 치료제를 파는 거대한 제약회사, 그리고 '캘리포니아 심리학협회' 로부터도 헌금을 받았지."

"그런데 그 심의회가 '예방주사' 의 용도에 관해 겉으로는 '범죄의 유혹, 폭력, 약물중독, 10대의 임신, 아동학대, 복지연금에 의존, 교육의 실패' 에 대한 '예방주사' 라고 말하고 있지만 심의회의 3년간의 심의를 통해 '셀프이스팀과 사회문제는 아무런 상관관계도 찾을 수 없다.' 는 사실을 스스로 밝힌 꼴이 되었다는 거야. 그 심의회에 참여한 25명의 심의인 중 7명은 '셀프이스팀과 사회문제 사이에는 거의 상관관계를 찾을 수 없다.' 고 말하였고, 최종보고서에 사인을 하지 않은 심의인도 한 명 있었어."

"그래서 다시 한 번 최종보고서를 읽어 보니까 심의회 멤버는 공모를 하여 선발하는데 댓가를 받는 것이 아니라 자원봉사로 그 일을 한다고 해. 심의회 멤버들의 면모를 살펴보면 평범한 학자도 있고 의사 혹은 교사들도 있어. 그런데 최종보고서를 잘 읽어보면 또 하나 '싱크탱크(The think tank)' 라는 그룹이 그 심의회에 자비로 참가했다는 사실을 알 수 있지. 최종보고서에는 그 그룹에 대해 '심의회는 빚을 지고 있다.' 라고 쓰여 있어. 싱크탱크 멤버 중에는 유력한 인사들이 많이 포함되어 있어. 솔직히 말해서 나는 너무 놀라서……."

퀼이 한마디 거듭니다.

"그 사람 중에 한 명이 한밤중에 우리 집을 찾아온 적이 있지."

우사기가 퀼의 말을 받았습니다.

"맞아. 그 멤버 중 한 명인 토마스 고던(Thomas Gordon)은 '부모교육훈련프로그램' 을 만든 것으로 유명하지. 1960년대부터 유명한 지식인으로 테라피스트이기도 한데, 내가 정말 싫어하는 아인랜드(Ayn Rand)라는 작가의 애인이었어."

"그 심의회 멤버 중에는 칼 로저스가 근무함으로써 유명해진 웨스턴 행동과학연구소의 수석보좌관도 있었고, 인도인 요가 강사도 있었고, 게다가 세계적으로 8000만 부나 팔린 베스트셀러 《영혼을 위한 치킨스프(Chicken Soup for the Soul)》 시리즈의 창시자도 있었어. 그러니 자비로 모이는 건 당연한 일이겠지. 다들 대단한 부자들이니 얼마 안 되는 보수 같은 것에는 전혀 관심이 없었을 거야."

"싱크탱크는 그러한 사람들 20명으로 구성되었지. 그렇게 유명인사들로 구성된 멤버들과 반면에 무명의 심의회 멤버들 가운데 어느 쪽 의견이 보고서의 방향을 결정하겠어? 물론 추측일 뿐이지만 이 싱크탱크가 보고서의 방향을 결정하였음에 틀림없을 꺼야. 그렇게 생각하니까 일반인 7명의 심의인이 최종보고서 내용에 동의하지 않았다는 상황도 이해할 수 있을 것 같아."

"언뜻 보더라도 결코 달성될 수 없는 계획인데 유력인사들에 의해서 계획이 무리하게 진행되어버린 거지. 이라크 전쟁, 마약과의 전쟁, 테러와의 전쟁 등등 기지제국에서 반복되는 패턴이야. 그 뒤에는 언제나 진짜 목적이 있지. 그러면 셀프이스팀 심의회의 진짜 목적은 무엇이었을까? 그 진짜 목적은 '사람들에게 셀프이스팀을 올리도록 시킴으로써 실은 사람들의 희망을 작게 만드는 것' 이라고 볼 수 있지."

움직일 수 없게 되어 버린 사람들

"어쨌든 최종보고서 내용은 다른 주에도 순식간에 퍼져나갔어. 그 덕분에 30개 주에서 170개나 되는 셀프이스팀에 관한 조례가 만들어졌지. 뭐니 뭐니 해도 이 셀프이스팀 캠페인의 핵심은 일선학교에 셀프이스팀을 가르치는 교재를 배부하는 것이었어. 현재 루이지애나 주는 주의 모든 학교에서 '셀프이스팀을 높이는 프로그램'을 실시하고 있을 정도야. 플로리다주 교육당국에서는 주의 법령으로 '학교의 커리큘럼 안에 셀프이스팀을 높이는 방안'을 추가하는 것을 의무로 규정했어. 조지아 주의 법령은 '학교에서 셀프이스팀을 올리는 것', 그리고 일리노이 주의 법령은 주의 모든 학군 교육위원회가 '라이프 스킬과 셀프이스팀, 부모로서의 스킬'을 강조하는 커리큘럼을 배부하는 규정을 만들었지."

"170개의 조례 중 75개의 조례는 교육관련이고, 20개는 건강관련, 40개 이상이 복지 그리고 16개가 교도소와 관련이 있어. 즉 학교든 병원이든 관공서든 교도소든 어디를 가도 '셀프이스팀을 높입시다.'라는 강좌가 있고, 각 기관의 건물 안에는 셀프이스팀 관련 포스터가 붙어 있고, 관공서 직원이 입고 있는 옷에 셀프이스팀 배지가 달려 있지. 따라서 지금의 기지제국에서 셀프이스팀이라는 말을 모르는 사람은 없어."

"많은 사람들이 '셀프이스팀을 높입시다.'라는 말을 그대로 믿고 있어. 아이 때부터 가르쳤기 때문에 당연한 것이 된 거야"

"물론 사람의 행동이라는 것은 복잡해서 잘 모를 수도 있어. 하지만 현재의 기지제국 사람들의 행동이 1960년대나 1970년대와 어떻게 다른지 잠깐 생각해볼까. 수년째 이어오는 이라크 전쟁은 역사에서 유례를 찾아볼 수 없을 정도로 수렁에서 헤어나기 힘든 대학살이 되어 버렸어. 그럼에도 멈추기는커녕 계속되고 있지. 모두들 '보고도 못 본 체' 하고 있다는 느낌이 들어."

"또 기지제국 인구의 3분의 1은 '9 · 11테러' 가 제국의 대통령과 정부와 어떤 형태로든 관련되어 있다고 생각하고 있어. 3분의 1이야! 그럼에도 아무 일도 일어나지 않아. 왜냐하면 모두 포기해버린 마음으로 '나는 셀프이스팀이 낮단 말이야!' 라고 중얼거리며 살고 있기 때문이지. 누군가에게 억압되고 감시받고 있는 것도 아닌데, 모두가 자발적으로 스스로 자신을 움직일 수 없게 만들어버린것 같은 느낌이야"

키라라는 숨을 몰아쉽니다.

"물론 인간의 행동은 복잡해. 하지만 셀프이스팀을 생각하면 최근 기지제국 사람들의 모습을 떠올리지 않으려고 애를 써도 떠올라."

회색이 제공한 틀 안에서

우사기가 물음을 던집니다.

"국민들의 셀프이스팀을 높이는 작전은 기지제국에게 있어서 생명줄인거야?"

키라라가 답을 해줍니다.

"응! 나는 그것을 작전이라고 불렀던 콜린 파웰의 말이 맞다고 봐."

"기지제국의 최대의 적은 언제나 기지제국 사람들이지. 드러커의 말을 빌리면 국민인 거지. 그래서 기지제국 지도자들은 건국 이래 지금까지 어떻게 하면 국민의 마음을 조종할 수 있을까를 생각해 온 거지."

퀼이 자신의 생각을 내어놓습니다.

"광고업계의 대부였던 그 에드워드 버네이즈가 80년 전에 출판한 광고업계의 원전 같은 책에서 그는 '누구도 눈치 채지 못하게 사람의 마음을 조종하는 것이 민주주의 세계에서의 지배 방식이다.'고 말하였지."

키라라가 맞장구를 쳐줍니다.

"맞아! 그렇게 해서 '국민'의 마음을 조종하는 것이 중요한 것은 지금도 마찬가지야. 경제의 국경이 사라진 세계에서 기지제국의 지도자들은 어떻게 하면 세계 각지 사람들의 마음을 조종할 수 있을까 전력을 다해 생각하고 있어."

"셀프이스팀이라는 사회적 예방주사를 놓는 작전은 재단과 국제은행 등에서 나오는 원조금을 추진력으로 해서 세계각지로 확대되어 가고 있지. 혁명을 예방하기 위한 사회적인 예방주사를 놓기 위해서 돈과 사람과 자료가 각국으로 보내지고 있어. 국제회의가 열리고 세계각지에서 기지제국의 언어로 만들어진 조직이 만들어지고 있어,"

"그런 조직에서 일하는 사람들은 어느 나라든 반드시 '좋은 사람들'로 구성되어 있지. 그들은 늘 '유색인종과 여성은 자존심을 갖지 못해서 고통을 받고 있기 때문에 그들이 자존심을 가질 수 있도록 해 주고 싶습니다.'라고 말해. 그런데 유색인종과 여성이 왜 고통을 느끼는 것일까? 유색인종과 여성에게 고통을 느끼게 한 것은 누구일까? 그런 짓을 한 녀석들을 찾아내서 혼내줘야 돼. 유색인종과 여성의 '마음'을 멋대로 주무르도록 내버려 둘 것이 아니라 그런 놈들을 제멋대로 날뛰게 하는 사회구조를 바꿔야 해."

우사기가 말합니다.

"하지만 그런 조직은 재단과 국제은행으로부터 원조금을 받고 있기 때문에 자신의 입으로 '우리는 문제를 만들어내는 근본에 있는 사회구조를 바꾸어야 한다. 불평등한 세계를 만들어 내는 회색을 무너뜨려야 한다.'라고는 말할 수 없지. 그런 말을 하면 원조금이 끊어지니까. 원조금을 계속 받기 위해서는 재단과 국제은행에게 불편한 일은 절대 해서는 안 돼. 주어진 틀 안에서 근본적인 문제에는 애써 눈길을 주지 않고, '사람들의 고통을 누그러뜨리는 것'밖에 할 수 없는 거지."

키라라가 대답합니다.

"그래 맞아! 그런데 그 '사람들의 고통을 누그러뜨리는 것'을 왜 회색이 바라고 있는가가 문제겠지만 말이야."

신앙 시스템

퀼이 공책을 펼치고 있는데, 키라라가 계속해서 말합니다.

"그리고 셀프이스팀 심의회의 중심인물인 미스터 테라피라는 의원은 '셀프이스팀은 신앙 시스템 같은 건데 이게 종교와 어떻게 다른지 모르겠어' 라고 말했지. 나는 이 '신앙 시스템' 이라는 말과 파웰이 말하는 작전이라는 말이 일맥상통한다고 생각해. 신앙 시스템은 이런 것이 아닐까? 예컨대 집 화장실에 '셀프이스팀을 높입시다. 늘 좋은 기분으로 있도록 합시다.' 라는 문구를 붙여 놓고 그것을 매일 주문 외우듯이 말하고 살다 보면 마음속에서 자연스럽게 희망이 작아져서 마음이 편안해지는 그런 힘을 신앙 시스템은 발휘하게 되지"

우사기가 고개를 끄덕거립니다.

"알겠어, 무슨 말인지! '언제나 셀프이스팀을 높게 하자' '언제나 긍정적으로' 라는 문구를 외우면서 산다고 해야 하나. 그런데 회색이 만들어 낸 세상에서는 실제로 그런 기분으로 계속 사는 것이 무리인데도……. 그런 무리한 일을 하려고 하면 결국은 희망을 조금씩 줄여 나갈 수밖에 없는 거지."

키라라가 덧붙입니다.

"'희망을 줄이더라도 편안해지면 된 것 아니야?' 라고 반문하는 사람이 있을지도 모르지. 하지만 인간의 행동, 인간의 사회라는 것은 정말로 복잡해. 예를 들면 스포츠 선수가 시합 전에 일부러 이전에 입었던 부상을 치료하지 않고 시합에 이

길 가능성을 작게 한 상태에서 시합에 임한다고 치자. 그러면 시합에 져도 셀프이스팀은 떨어지지 않게 되지. 그렇게 해서 일시적으로 기분이 좋은 상태를 유지하고 지키는 것이 가능하게 되는 거야. 하지만 그게 습관으로 굳어지게 되면 그 선수는 점점 실력이 줄어들게 되고, 동료선수로부터 신뢰를 잃어버리게 되지. 그리고 언젠가는 무리하게 지키고 있었던 그 좋은 기분 상태도 한꺼번에 무너져버리고 말아."

"기지제국 사람들이 이라크 전쟁을 못 본 체하고 있는 것과 같은 논리지. 자신의 기분 좋은 상태를 유지하기 위해 얌전히 있는 것뿐이야. 그런데 그렇게 되면 이라크 사람들을 동정하는 다른 나라 사람들로부터 미움을 받게 되지. 그리고 결국 이라크 사람들은 기지제국 사람들을 암살하려는 생각을 갖게 되는 거고."

"그런 식으로 관계와 관계가 어디까지나 연결되어 있는 이 세상에서 자신의 기분만 좋게 하려고 해도 그렇게는 되지 않는 법이지. 현실세계는 그만큼 복잡한 거야."

키라라는 이 이야기를 하면서 '어떻게 하면 좋을까?' 라는 표정을 짓고 나서 계속 이야기를 이어갑니다.

유전자와 뇌로 사람들의 사회를 알 수 있다

"내가 제일 싫어하는 것은 그런 복잡한 현실을 곧바로 '사람의 마음 탓'으로 돌려버리는 사고방식이야. 그런데 매슬로우 같은 심리학자와 벤담 같은 경제학자만 그렇게 생각하는 게 아니야. 현실은 잘 보려고도 하지 않고, 곧바로 '모두 자신을 소중하다고 생각하니까.' 라든지 '사람이라는 존재는 싫은 일은 뒤로 미뤄서 나중에 결국 큰일을 당하게 되는 거야.' 라든지 그런 현실과 관계없는 바보 같은 일반론을 중얼거리고는 세상에 관해서 생각을 했다는 시늉을 하는 사람들이 우리 주위에 많이 있지.

현실 속에서 어떻게 회색이 사람의 마음을 조종하고 있는지 생각도 하지 않고 '인간이라는 것은 이 별의 암이죠.' 라고 말하고 달관한 시늉을 하는 사람들도 있어. 그런 사람들은 심리학자나 경제학자와 마찬가지로 구체적인 원인을 바깥에서 찾으려고 하지 않고 곧 바로 '사람의 마음 탓'으로 돌려버리지."

* 역자의 생각

어떤 문제나 현상에 대해서 그 문제나 현상의 원인을 사람의 마음에 귀속시켜서 보는 것은 심리학의 오래된 관점이다. 그런데 이러한 문제의 원인을 개인 내부에 환원시켜서 보는 시각은 이제는 심리학자들의 전유물이 아닌 것으로 되어 버렸다. 말을 바꾸면 사회 자체가 '심리학화' 되어 간다고 해야 할까. 옆집 김씨, 앞집 박씨와 같은 필부는 물론이거니와 심리학의 바깥에 있는 학자들조차도 심리학적인 시각으로 세상의 문제를 다루는 것을 만나는 것은 어렵지 않다. 지금도 베스트셀러로 자리 잡고 있는 『아프니까 청춘이다』는 심리학자에 의해 쓰여진 책이 아님에도 전체적으로 심리학적인 시각을 내포하고 있다. 그 책에 대해 '서른 살이면 사회학에게 물어라' 라는 재미있는 제목의 칼럼을 쓴 사회학자인 오찬호 선생의 비평은 눈여겨 볼만하다.

《아프니까 청춘이다》는 솔직한 책이다. 저자의 고민과 저자 제자들의 고민이 잘 녹아있다. 그런데 이를 어째. 저자는 서른네살에 '서울대학교 교수' 가 되느냐 아니냐를 놓고 고민한적이 있었음을 무진장 심각하게 밝힌다(137~140쪽). 교수가 된 그를 찾아오는 제자들은 UN 기구에서 일을 하니 마니를 고민한다(41~42쪽). 그만하자. 이런 이야기를 '현재' 의 대한민국 청춘에게 '이입' 시키는 것은 매우 무례하니까. 그 '희망' 이 얼마나 서울대 '스러운' 것인지를 왜 김난도 교수는 모르는 것일까?

문제는 이런 '희망고문' 이 대학생들에게 "그래 할 수 있어!" (Can Do Spirit)라고 외치게끔 한다는 것이다. 외치는 것이 문제가 아니라, '외치는 것만' 하게 한다는 것이다. 이 과정은 결국 대학생들에게 희망조차 '무용지물' 인 현실의 구조적 문제에서 자신 '만' 은 이 바늘구멍을 뚫을 수 있다는 망상을 가져다준다. 그러면서 20대의 문제를 언제나 개인 자질의 문제로만 이해된다.

책을 보면, "불안하니까 청춘이다. 막막하니까 청춘이다. 흔들리니까 청춘이다. 외로우니까 청춘이다." 라는 구절이 나온다. 그러나 이는 희망조차 '부모' 변수와 분리시켜 주지 못한 이 사회의 수준 낮은 구조에서는 어울리지 않는다. 우리는 "청춘인데 왜 불안해야 하지? 청춘인데 왜 막막해야 하지? 청춘인데 왜 흔들려야 하지?"를 고민해야 한다. 이 사회는? 바늘구멍을 '뚫고 나갈' 의지의 부족을 '희망고문'으로 독려하는 것이 아니라, 구멍자체가 원체 좁아 의지 자체가 사라졌음을 주목해야 한다.

그러지 않은 상태에서 메아리치는 '아프니까 청춘이다'라는 말은 결국 대학생에게 부메랑이 된다. 지금의 세상은 기업의 면접관이 "어학연수도 안 다녀왔어요? 남들 열심히 공부할 때 노셨어요?"라는 어처구니없는 말을 아주 당연시 하는 요지경 세상이다. 어학연수? 아직까지 비행기타고 제주도조차 못가본 대학생들이 훨씬 많다는 것에 내가 십만원을 걸겠다.

아프니까 청춘이라고? 青春은 푸른 봄. 이들은 아파 '도' 된다는 이 해괴망측한 논리. 이만큼 이 사회가 심각하다는 증거가 또 어디 있을까?(오찬호 닷컴, 2011. 5. 24)

"사람의 마음이 어떤 것인가에 관해서는 지금 우리가 알고 있는 것보다 밝혀지지 않은 것이 훨씬 많아. 단 인간이 태어날 때부터 자신의 마음을 조종하는 거대한 굴레 안에 있다는 것은 확실하지. 학교, 텔레비전, 신문, 잡지, 지하철이나 다른 모든 곳의 모든 종류의 광고 … 그 모든 것은 구체적인 목적을 가진 구체적인 존재야. 그러한 것들이 사람들의 마음에 큰 영향을 주고 있는데도 사람의 마음을 단독으로 떼어놓고 그것만을 연구한다는 것은 거대한 선풍기가 돌아가고 있는 앞에 앉아 있으면서도 그 사실은 무시한 채 '연기는 왜 바람을 따라 올라가는 거지?' 라고 생각하는 것과 똑같아. 선풍기가 돌아가고 있는데 선풍기의 영향을 시야에 넣지 않고 연기의 움직임을 논할 수는 없지 않겠어?"

"또 유전자와 뇌만 갖고는 사람이 살고 있는 사회 같은 복잡한 세계를 설명할 수 없는데도 '유전자와 뇌로 사람들의 사회를 알 수 있다.' 와 같은 바보 같은 책이 계속해서 나오고 있어. 그런 책은 회색에게 있어서 유리하기 때문에 고액의 광고비가 붙어서 책을 홍보하는 화려한 포스터가 제작되고, 그 포스터가 각 서점을 장식하게 되지. 각 서점에서는 그런 종류의 책들이 손님의 눈에 잘 띄는 곳에 진열되고 결국 그 책은 곧장 베스트셀러가 되는 거야."

"'유전자와 뇌로 사람들의 사회를 알 수 있다.' 와 같은 책은 과학적이라고 포장되어 팔려나가. 그런데 사실 그러한 종류의 책은 '과학자가 쓴 회색에게 유리한 시' 라는 것이 실제 정체야.

시가 뭐야? '아아 세상이라는 곳은 이런 것이구나. 맞아, 조금은 알 것 같은 느낌이 들어' 그러니까 실은 아직 잘 모르는 것에 대해 경외감을 갖고 노래를 부르는 것이지. 그러니까 그런 책은 시와 같은 거야.

과학자가 썼다고 해서 무엇이든지 과학이 되는 것은 아니잖아? 물론 과학자도 시를 쓸 수 있고 그런 종류의 책을 좋아하는 사람은 사서 보면 돼."

"그런 책은 텔레비전에서도 광고를 하는 등 많은 홍보를 하니까 당연히 잘 팔려 나가지. 그런데 그런 책들이 많이 팔리다 보니까 '아, 과학에 의하면 생명체는 모두 자기만 생각하고 살고 있는 것 같아.' 라든지 '과학에 의하면 남자의 뇌라는 것은 젊은 여자를 쫓아가도록 프로그램화되어 있어.' 같은 생각을 하는 사람이 늘어나게 되는 거야."

"실은 완전히 엉터리인데도 엉터리가 아닌 것처럼 사람들을 현혹하고 있는 거지. 다른 과학자가 그런 엉터리를 지적하는 책을 써도 그런 책에는 광고비가 붙지 않기 때문에 누구에게도 알려지지 않아. 과학의 얼굴을 한 '회색에게 유리한 유전자와 뇌에 관한 시' 만이 세상에 넘쳐나게 되는 거지."

우사기가 한마디 거듭니다.

"그런게 있지. 예를 들면 '이기적인 유전자' 라든지 '밈(meme)이라는 기계' 라든지 '마음은 이렇게 움직인다(How the mind works)' 라든지 과학의 얼굴을 한 회색에게 유리한 시집들이……."

키라라가 계속 말합니다.

"맞아! 그래서 시라는 것은 그것을 읽고 좋아하는 사람을 위해서 있는 거니까 비즈니스 관계 책을 파는 코너에 가면 《이기적인 유전자》같은 책이 많이 쌓여 있고 잘 팔리지. 그리고 그 책에는 '대투자가의 인생을 바꾼 한 권의 책' 같은 해설이 붙어 있어."

"그런데 그런 책도 자세히 살펴보면 이런저런 문제의 원인이 '우리가 잘 모르는 그래서 손이 닿을 수 없는 심원한 것'에 있다고 말하곤 하지. 심리학은 문제를 '사람의 마음' 탓으로 돌리고, 사람들이 '시민권이 작은 사회' 라는 진짜 원인을 눈치 채지 못하도록 만들어. 진실은 사회 구조로 인해서 '승리자 · 패배자' 가 나오고 사회 구조 때문에 여성이 차별을 받는데도 '승리자 · 패배자가 나오는 것은 각 개인의 유전자와 뇌 때문에 그렇습니다.' 라든지 '여성이 차별을 받는 것은 유전자와 뇌 때문에 그렇습니다.' 같은 생각을 은연중에 세상에 퍼뜨리는 거지."

"회색은 사람들이 '문제의 원인은 구체적인 현실에 있다.' 는 사실을 자각하지 못하도록 혹은 세상에서 일어나는 많은 문제들을 '우리가 잘 모르는 그리고 우리의 손이 닿지 못하는 심원한 것의 탓.' 으로 생각하도록 세상을 디자인해. 은연중에 세계를 디자인하는 것은 유전자와 뇌에 관한 책만이 아니야. 심리학만도 아니고 종교대립만도 아니지."

"회색은 좀 더 노골적으로 세상에 엉터리 '원인' 을 퍼뜨려. 예컨대 '기지제국 대통령은 우주인에게 지배를 받고 있다.' 라든지 '기지제국 대통령은 유대인에게 지배를 받는다.' 라든지 '당신의 인생에 일어나는 문제의 모든 원인은 정신세계의

에너지 때문이다.' 라든지 '세계에 전쟁이 일어나는 것은 별[星]의 배열 때문' 이라든지……. 그런 책들도 보면 고액의 광고비가 붙어 있다 보니까 서점에 많이 쌓이게 되고 텔레비전에서 특집으로 다루어지고 무심코 세상을 채워가지."

"채워가지, 채워가지."라고 우사기와 퀼이 키라라의 말을 받아서 입을 맞춘 것같이 동시에 말합니다.

키라라가 계속 말합니다.

"그것은 별의 배열 때문만이 아니지. 물론 조금은 그 영향도 있을지 모르겠지만 그것보다도 바로 우리 눈앞에 있는, 생활에 직접적인 영향을 주는, 구체적인 현실 속에 그 원인이 있어."

"문제를 '잘 모르는 혹은 손이 닿지 않는 심원한 것의 탓' 으로 하는 것은 현실에서 '8000발 미사일' 과 '대외원조' 와 '텔레비전' 과 '경영학' 과 그리고 '셀프이스팀의 심의회' 같은 말이 없는 세계에서 했으면 좋겠어."

"현실 속에서 회색은 국회와 신문과 텔레비전을 이용해서 사람의 마음을 조종하고 있지. 돈과 군대를 움직여서 사람의 생활을 위협하고 있어. 사람들은 그 현실의 영향을 직접적으로 받고 생활하고 있으면서도 그 현실을 보지 않고 '사람이라는 것은 어쩌고저쩌고…….' 와 같은 공상에 빠져 살고 있지. 정말 한심한 노릇이야."

우사기가 거듭니다.

"나는 MIT 출판부에서 나온 《마음은 그렇게 움직이지 않는다(The Mind Doesn' t Work That Way)》를 읽고 역시 마음이라는 것의 작동은 아직까지 전혀 해명되지 않고 있다는 것을 알게 되었어. 하지만 그 책에는 광고비가 붙지 않지. 광고비를 대주는 사람이 없다는 말이야. 그런데 그 책이 공격하고 있는 회색대학[6] 교수가 쓴 《마음은 이렇게 움직인다(How the Mind Works)》라는 책은 막대한 광고비가 붙어서 베스트셀러가 되었지."

키라라가 계속 말합니다.

"대개 유전학에서는 지렁이 한 마리가 어느 쪽을 향하는지도 아직 설명하지 못하는데 사회 같은 고도로 복잡한 것을 설명할 수 있을 리가 없어. 물리학에서는 '3체문제' 라는 것이 있어서 사물이 2개 있을 때에는 운동을 예측할 수 있지만 3개가 되면 더 이상 운동을 예측할 수 없다고 해. 세상에는 수십억의 사람들과 그 사람들이 만들어 내는 무한대수의 관계가 있어. 유전자가 유전자와 서로 영향을 주고받는 것과 똑같이 그 무한대수의 관계가 다른 관계와 서로 영향을 주고받고 이 세상이 만들어지는 거야. 그런 복잡한 세상을 세 가지 물건의 운동조차 예측할 수 없는 과학이 어떻게 설명할 수 있다고 생각하는 것일까?"

---

6) 하버드 대학

"회색에게 유리한 생각을 세상에 퍼트리기 위해 그런 '회색의 마음에 들려고 하는 과학자들의 시'가 세상에 넘쳐나고 있어. 현실과 관계가 없는 말 중에서도 가장 질이 나쁘다는 느낌이 들어."

대본/현실과 관계가 있는 말

키라라는 한참 말하고 나서는 몸이 더워졌는지 감고 있던 모포를 펄럭펄럭거리고 있습니다. 이번에는 퀼이 나섰습니다.

"현실과 관계있는 말도 있잖아. 일전에 1987년 기지제국의 국무장관이 레이건 대통령에게 건넨 어떤 대본이 공개된 것을 보았어. 대본은 그림책 나라 나카소네라는 수상이 기지제국을 방문했을 때 만들어진 것이었는데, '나카소네 수상에게 이런 이야기를 해 주세요.'라고 연설 내용이 정말 간단하게 쓰여 있었어. 그걸 보고 먼저 놀란 것은 '이런 중학생 수준밖에 안 되는 문장으로 쓰지 않으면 레이건은 모르는 것일까?'라는 것이었어. 부시 2호의 대본 같은 것에 삽화라도 그려 넣은 것 같아."

이 말을 듣고 우사기와 키라라가 깔깔 웃고 있습니다.

"레이건은 이전에 배우였으니까 대본에 쓰여 있는 것을 생생하게 전달하는 것은 잘 해. 대본에는 몇 가지 항목이 있었는데, 그 중에 '나카소네가 외교를 잘하는 정치가로 당신과 사이가 좋은 친구라는 사실을 마음껏 표현해주세요.' 라는 항목이 있었어. 그림책 나라 친구들에게 그 이야기를 하니까 '그거 '론야스[7]네' 라고 짐작하고 있었어. 아무래도 그 당시 그림책 나라에서는 모두가 '론야스' 라는 말을 머릿속에 주입받고 있었던 것 같아. 얼마나 두 사람 사이가 좋았으면 그랬을까."

"그 대본을 쓴 것은 존 슐츠 당시 국무장관이었는데, 지금도 거대한 권력을 가진 세계 경제 설계자 중 한 사람으로 군사 · 건설산업의 경영자이기도 해. 슐츠의 말은 현실과 관계가 있지. 슐츠의 한마디 말에 그림책 나라 사람들이 론야스라고 떠드는 정도는 아무것도 아니야."

"현실과 관계가 있는 그런 말에 귀를 기울이고 싶어. 알아듣는 것은 어렵지만……."

7) 로널드 레이건과 나카소네 야스히로의 이름을 한 자씩 따와서 만든 말

참가하지 않는 게임/심리학을 공부한 녀석들

우사기가 셀프이스팀 공식을 쓴 키라라의 노트를 세 사람 앞에 펼쳐놓습니다. 세 사람이 동시에 그 노트를 내려다봅니다.

$$\text{셀프이스팀(자신의 기분 좋음)} = \frac{\text{현실}}{\text{희망}}$$

키라라가 말합니다.

"현실을 좋게 하는 것은 모두가 함께하지 않으면 안 되기 때문에 보통 힘든 일이 아니지. 그래서 어쩔 수 없이 자기 기분을 좋게 하기 위해 눈높이를 낮추는 것은 충분히 있을 법한 이야기라고 생각해."

우사기가 고개를 가로저으며 말합니다.

"하지만 … 우리는 희망이 꽤 큰 편이라고 생각하는데 스스로 생각할 때 언제나 자기 자신에 관해서 싫은 느낌이 들지 않잖아. 내 희망의 크기를 분모로 하면 셀프이스팀은 상당히 적어질 거라고 생각하는데……."

키라라가 우사기의 말을 받습니다.

"맞아, 맞아. 나도 그렇게 생각했어. 싫은 느낌 같은 것 들지 않아. 처음에 말한 것처럼 셀프이스팀이라는 것은 게임 같은 것이기 때문에 참가하지 않으면 그만이야. 우리는 참가하지 않고 있는 거잖아."

"게다가 사람이 희망이 없으면 무엇을 위해 사는 것일까? 마음껏 희망을 크게 하고 싶어." 라고 퀼이 말합니다.

"그러니까 셀프이스팀 같은 말은 그냥 무시해도 되는 거야."

그렇게 말하고 키라라는 셀프이스팀의 공식을 노트로부터 떼어낸 후 잘게 찢어서 아름다운 평화시의 어둠 속으로 날려 버렸습니다. 동산국 사람들이 좋아하는 다음과 같은 노래를 부르면서 말이죠.

"심리학을 배운 녀석들이 농민을 알고 싶어 한다. 그렇게 알고 싶으면 자신의 할머니부터 알아라. 이 토지는 우리들의 것이다. 투기꾼들의 것이 아니야. 그런 것도 모르는 녀석들."

우사기가 계속해서 노래를 부릅니다.

"밀이 쏟아져 들어 온다. 산업폐기물이 쏟아져 들어 온다. 우리를 회유하려고 한다. 이것저것 조건을 붙이는 그 뒤에는 사악한 의도로 무장한 녀석들이 우리들을 조종하려고 한다. '빈곤에서 구하자' 라고 말하면서."

퀼과 키라라 그리고 우사기가 이번에는 함께 부릅니다.

"그 녀석들은 우리가 부러울 뿐이야. 우리를 질투할 따름이야. 우리들의 숲이 우리들의 강과 산이 초원이 우리들의 산맥이 우리들의 공기가 부러워서 미칠 노릇인 거야."

"그냥 아무 목적 없이 노래를 부르는 건 잘 불러도 소용없어. 너희들의 노래는 텅 비어 있으니까."

"단지 살기 위해서 사는 그런 삶의 방식은 의미가 없어. 사는 이유가 없으면 안 돼. 그것은 싸워서 이겨서 쟁취하는 것."

노래가 끝나자 키라라가 먼저 말을 꺼냅니다.

"심리학을 배운 녀석들……. 최근에는 심리학을 배운 녀석들 뿐만 아니라 심리학을 가르치는 녀석들의 논문을 읽어보면 때때로 '머리가 이상한 사람이라는 게 다름 아니라 이런 사람을 가리키는 거구나' 라고 느낄 때가 있어."

퀼이 나섭니다.

"그건 심리학이라는 학문이 원래 '신앙 시스템' 같은 것이기 때문에 그렇잖아. 우리가 지금 서 있는 것처럼 부자나라들의 바깥에 서서 심리학을 생각해보면 '정말로 심리학이 말하는 것을 믿는 사람이 있긴 있는 걸까?' 라고 금방 알아차릴 수 있는데 말야."

키라라가 말합니다.

"하지만 부자나라 사람들은 동산국 사람들이 심리학의 권력성, 편협함 그리고 그 학문이 아무런 근거가 없다는 것을 간파해서 모두가 알고 있는 노래 속에서 심리학을 바보 취급하고 있다는 것을 상상도 하지 못할 거야. 부자나라에 살고 있으면 자신들의 나라가 훨씬 발전했고, 가난한 나라 사람들은 거칠고 더럽고 가난하고 단순하고 아무것도 모르는 불쌍한 사람들이라고 생각하도록 마음이 은연중에 길들여졌기 때문이야"

"하지만 이것저것 조건을 매기는 그 뒤에, 부자나라들이 가난한 나라들에 밀어붙이는 '구조조정 프로그램' 안에 사악한 의도가 숨어 있다는 사실을 부자나라들에 사는 사람들 중에 아는 이가 과연 몇 명이나 있을까?

이 노래가 집회에서 연주되면 이 마을 사람들은 모두가 노래를 불러. 물론 '조건을 매긴다' 는 부분을 '이, 그 방식 말이지' 라고 이해해서 분노를 담아 노래를 부르지. 그만큼 회색이 만들어 내는 세계의 현실을 이해하고 살고 있는 동산국 사람들과 현실로부터 떨어져서 오로지 자신의 내면을 들여다보는 일에만 집중하는 부자나라 사람들은 차이가 난다는 거지. 어느 쪽이 '단순하고 아무것도 모르는 불쌍한 사람들' 일까?"

우사기가 코카 잎을 입에 가져가면서 말합니다.

"정말로 여기에 있으면 배우는 것뿐이야. 뭔가 그 배움에 대한 보답을 하고 싶어도 그냥 늘 '아뿔싸, 맞아. 그래, 자각하지 못했어.' 라고 생각할 뿐이야."

퀼과 키라라도 고개를 끄덕이고 있습니다.

우사기와 친구들의 부적절한 희망

키라라가 뭔가 갑자기 생각난 듯한 표정을 지으면서 말합니다.

"아 맞아! '심리학을 가르치고 있는 녀석들'의 논문을 읽다 보니까 이 글을 쓴 사람 혹시 머리 어딘가 나사가 빠진 게 아닌가 하는 생각이 들게 하는 글이 있었는데 혹시 그 이야기 듣고 싶어?"

"꼭, 꼭, 들려줘, 그 이야기"라고 우사기와 퀼은 대답합니다.

키라라가 말을 계속합니다.

"셀프이스팀 연구를 하다 보면 역시 희망의 문제와 맞닥뜨리게 되지. 그래서 아까 말한 셀프핸디캡핑(self handicapping, 스스로 자신을 움직일 수 없게 하는 것) 연구의 중심이 되는 학자 중 한 사람은 최근에 '희망의 이론'이라는 것을 연구하고 있어. 일단 희망의 이론이라고 하면 사람들로부터 반응은 좋아. 그런데 그 이론의 내용은 악몽 같은 거야. 마치 카프카나 조지오웰의 소설 같아. 그 이론의 내용은 예컨대 희망에는 잘못된 희망이 있는데 잘못된 희망이라는 것은 부적절한 희망인 거지. 어떤 누군가가 희망이 적절한지 부적절한지를 결정해서 부적절한 희망은 가져서는 안 된다고 하는 거야."

"부적절한 희망, '더 이상 아스팔트 포장은 하지 않는다.' 같은." 우사기가 말합니다.

퀼이 한마디 거듭니다.

"음 … 그러니까 '8000발의 핵병기를 없앴으면 좋겠다.' 와 같은 희망은 가져서는 안 된다는 말이군."

키라라가 다른 예를 하나 생각해 냈습니다.

"진심으로 이 별의 환경을 생각하는 것 또한 부적절한 희망인 거지."

"그런 혁명 냄새가 나는 것은 전부 부적절한 희망인 거지." 라고 퀼이 화답합니다.

"음 … 그러면 평등이라든지 이런 말도 안 되는 거네?"라고 우사기도 한마디 거듭니다.

퀼과 키라라가 마치 약속이나 한 듯이 함께 말합니다.

"당연하지! 그건 절대로 안 되지. 그건 아주 부적절한 진짜로 잘못된 희망이지."

완전한 불평등, 두 가지 구조

퀼이 말합니다.

"드러커의 책과 《회색비즈니스리뷰》를 읽어보면 알 수 있는 이야기인데 기업이라는 체제는 평등이라는 사상을 절대로 받아들이지 않아. 입으로는 '새로운 기업이 갖추어야 할 모습은 상하관계가 없는 축구팀과 같은 것입니다.' 라고 하면서도 잘 보면 기업이 돌아가는 구조는 옛날과 비교해 아무것도 바뀌지 않았어."

우사기가 뭔가 생각난 듯한 표정을 지으면서 말합니다.

"친환경자동차와 똑같은 것일까? 그 친환경자동차라는 것도 환경에 미치는 폐해는 이전에 나온 차와 하나도 다르지 않는데……."

우사기의 말에 퀼이 대답합니다.

"그렇지, 비슷해. 기업은 '비정규직 사원과 정규직 사원' 이라는 상하관계로부터 '평사원과 과장' '과장과 부장' '부장과 사장' '사장과 사장을 임명하는 이사회' '대주주와 소주주' 모두 '어느 한쪽이 강한' 전제 위에서 만들어져 있어. 주주총회에서는 민주주의, 데모크라시처럼 평등하게 한 사람이 한 표를 행사하고, 겉으로는 모두가 납득하면 결정한다라고 말을 하지만 실제로는 그 시스템이 작동하지 않아. 보유한 주식의 양, 즉 '돈의 크기' 로 발언권이 정해지는 거지. 소량의 주식을 갖고 있는 사람이 주주총회에서 '인간은 모두 평등합니다. 제 의견도 거기 앉아 있는 은행장과 똑같이 대해 주세요!' 라고 외치면 모두가 '바보 아냐?' 라는 얼굴로 쳐다볼 거야."

우사기가 말합니다.

"그런 것 하나만 생각해도……. 기업주의와 평등, 민주주의, 데모크라시는 궁합이 맞을 리가 없어."

퀼이 계속 말합니다.

"음 … 기업은 상하관계가 확실한 수직세계야. 수평적이고 '모두가 평등한' 조직은 기업이라고 부르지 않아. 로버트 브래디(Robert Brady)라는 경제학자는 '기업 구조와 파시즘의 구조는 똑같다.' 라고 말하고 있어. 즉 그 수직구조를 쭉 올라가다 보면 미묘하게 평등한 세계가 나타나긴 하지만 거기까지 가면 더 이상 그곳은 기업이 아닐 거야."

"그리고 테라피라는 것은 수직세계이지. 카운슬러는 자신이 위에 있다는 입장을 절대로 양보하지 않아. 로저스 학파의 '평등한 카운슬링' 은 기업의 대표가 '우리 회사는 직책과 관계 없이 서로 자유롭게 이야기를 나누는 평등한 조직을 만드는 것을 목표로 하고 있습니다.' 라고 말하는 것과 아주 비슷해."

"정말로 평등하다면 사장과 평사원은 서로 비난도 할 수 있어야겠지. 그리고 만약 투표를 하면 사장의 한 표는 평사원 두 사람의 두 표에 져야 해. 하지만 현실에서는 결코 그렇지 않아. 사장은 '내가 절대로 위' 라는 암묵의 상호이해가 있다는 것을 전제한 상태에서 '나와 대등하다고 생각하고 의견을 말해 줘' 라고 말하는 것뿐이야."

"로저스 학파의 카운슬러도 그 카운슬링을 받는 내담자도 실제로는 상하관계가 있다는 것을 알고 있어. 카운슬러는 '사람의 마음에 관해서 알고 있는 사람' 이고 '안정된 사람' 인 반면에 내담자는 '마음에 관해서 알지 못하는 사람' 이고 '불안정한 사람' 이라는 암묵의 전제가 카운슬링을 하기 전부터 깔려있지. 그 암묵적인 힘의 관계, 암묵적인 상하관계는 절대로 흔들리지 않아."

우사기가 말합니다.

"그런 점에서 매슬로우의 인본주의심리학에 절대적으로 필요한 것이 있어. 그것은 엘리트주의로 사람을 건강한 사람과 아픈 사람, 승리자와 패배자로 나누어야 한다는 것인데 어떤 면에서는 일리가 있는 말이지. 상하관계가 없어져 버리면 테라피는 성립하지 않으니까 ……."

퀼이 고개를 갸우뚱거리면서 말합니다.

"그런 거야? 잘 모르겠어. 매슬로우가 말하는 자기실현에서 자기는 어떤 상황에서도 변하지 않는 자기인 건가?"

"어떤 사람이 치료를 받으러 간다고 하자. 자기라는 것은 언제나 유동적으로 바뀌는 것인데도 테라피스트 앞에서는 특수한 형태의 자기에 관해서 생각을 하게 되지. 그 상황 속에 '있어야 할 자기' '되어야 할 자기' 를 발견하게 되는 거지. 그것이 어떤 '자기' 인가 하면 상하관계를 받아들일 때의 자기인거야. 자기상(자기 이미지), 게다가 자신이 밑에 있을 때의 '자기상' 인 거지. 테라피스트 앞에서 사람은 자신이 밑이라는 상하관계를 받아들이고 있기 때문에 그럴 수밖에 없는 거야."

"이러한 상하관계가 뚜렷한 자기상은 틀림없이 수직세계인 기업에게 유리하지 않을까. 자신이 밑에 있을 때의 자기상을 '있어야 할 자기' '되어야 할 자기'라고 생각하니까."

기계를 멈추지 않고 기계가 만들어 내는 고통만 완화시키는 꼼수

키라라가 뭔가 깨달은 듯이 말합니다.

"그렇구나. 그래서 매슬로우와 드러커의 우정이라는 이야기로 연결되는 거구나."

퀼이 고개를 끄덕입니다.

"응, 드러커와 매슬로우는 사이가 좋았어. 드러커는 매슬로우 책을 읽고 '순식간에 신자가 되었다.' '거대한 충격을 받았다.'라고 말하였고, 매슬로우는 어떤 컴퓨터 기업에서 드러커의 책을 읽으며 연구한 '기업매니지먼트'에 관한 메모를 드러커 추천으로 《우수한 마음 환경 매니지먼트》라는 책으로 만들었어. 그런데 드러커는 책 제목이 너무 심하다며 바꾸라고 충고했다고 해."

키라라가 말합니다.

"맞아, 맞아. 그 '우월한 혹은 우수한 마음 환경'이라는 것이 '천 명의 자기실현한 사람들이 모인 외딴섬에서 실현되는 사회' 라는 거야."

퀼이 키라라의 말을 받습니다.

"맞아, 그래서 테라피와 기업은 아주 궁합이 잘 맞아. 테라피는 … 그게 뭐였지? 우사기 네가 말했던 테라피는 ……?"

우사기가 대답합니다.

"테라피라는 것은 기계는 멈추지 않으면서 기계가 만들어 내는 고통만 완화시키는 역할을 담당하지. 내가 생각해낸 말이 아니야. 노랑이라는 사람이 쓴 책에서 읽었어. 그의 말을 그대로 옮기면 기계는 치우지 않고 기계가 만들어 내는 고통만 완화시키는 역할……."

퀼이 큰 소리로 말합니다.

"바로 그거야! 테라피는 회색이라는 거대한 기계는 그대로 두고 그 기계가 만들어내는 고통만 완화시키는 역할을 담당하지. 회색은 언젠가 혁명이 일어나서 이 기계가 멈춰버릴지도 모른다고 두려워하고 있기 때문에 '테라피' 로 이 세상을 채우고 싶은 거야."

"예를 들면 자동차가 지구 환경에 끼치는 폐해를 사람들이 진지하게 생각하기 시작하면 '자동차 대수를 줄이자.' '도처에 아스팔트로 포장하는 것을 그만두자.' '이제 더 이상 새로운 차체를 만들 필요가 없다. 오래된 차체를 사용하고 엔진만 고치자.' '잠깐만 기다려! 지금은 새털 처럼 가벼운 마차를 만들 수 있을지도 몰라!' 라고 하며 그런 것을 만들 궁리를 하기 시작할 거야."

"사람들이 이것저것 자유롭게 생각하게 되어 버리면 '자동차산업' 이라는 기계는 멈춰버리고 말지. 그렇게 되면 자동차산업과 함께 걷고 있는 건설산업도 석유업계도 멈춰버려. 이 현실의 정말 작은 일부, 자동차 사회의 현실을 사람들이 진심으로 생각하기 시작하는 것만으로도 회색이 추구하는 세계는 붕괴될 수 있어. 즉 회색의 수하들이 두려워하는 '혁명' 이 일어나버리고 말지."

자동차산업, 석유산업, 건설산업을 멈추지 않기 위해서

키라라가 퀼의 말에 화답합니다.

"응! 테라피의 목적은 '혁명을 방지하는 것' 그것으로 자신의 임무를 다하는 거야. 그러면 자동차산업을 계기로 회색이 지배하는 세계가 붕괴되는 것을 막기 위해서는 어떻게 하면 좋을까? 그래서 나온 게 테라피적인 자동차야. 바로 '친환경 자동차' 혹은 '에코카' 지."

"사실은 진짜 문제는 전혀 해결이 안 되었는데도 사람들이 자동차 사회에 관해서 느끼는 아픔만 완화되는 거지. 일단 아픔이 완화되니까 자동차산업이라는 기계는 계속 돌아갈 수 있어. 그래서 여전히 자동차 기업은 지구에 피해를 주면서 새로운 차체를 만들고 그것을 계속 팔 수 있는 거야."

"그 덕분에 타이어산업은 가난한 나라들에 세운 공장에서 하늘과 강을 오염시키면서 타이어를 만들고 소비시킬 수 있지. 석유산업은 원유를 퍼 올려서 소비시킬 수 있고, 그 큰 기계를 멈추지 않기 위해서는 기계가 만들어내는 아픔만 완화시키는 '테라피적인 자동차'가 팔릴 필요가 있지."

우사기가 등장합니다.

"그런데 자동차의 엔진이란 게 꽤 값이 싸잖아. 내 친구는 자동차가 고장이 나서 엔진만 바꾸었는데 400만 원 정도 들었다고 해. 그러고 보면 자동차산업의 이익은 새로운 차체를 파는 것에 있는 게 아닐까?"

"차체를 팔면 좌석과 창문과 핸들과 계기판까지 모두 소비시키는 것이 되니까. 고급 음식점이 요리 그 자체가 아니라 요리와 함께 주문 받는 와인과 다른 술로 돈을 버는 것과 똑같이 말이야. 자동차산업은 자동차라는 기능 그 자체보다도 그 기능을 둘러싼, 실은 필요하지 않은 것을 팔고 있다는 느낌이 들어."

키라라가 말합니다.

"차체, 포장도로, 석유, 주차장 같은 것 말이지. 자동차산업은 도로를 포장하고 정비하는 건설산업, 석유산업과 함께 돌아가거든. 자동차산업의 광고수입에 거의 전적으로 의존하는

'매스미디어'는 자동차산업을 멈추지 않기 위해서라면 무엇이라도 할 수 있을 거야. 엉터리, 현실과 관계없는 말을 계속 만들어 내서 사람들의 마음에 주입시키는 거지."

*역자의 생각

'엉터리, 현실과 관계없는 말을 계속 만들어 내는' 현상은 멀리 갈 것 없이 우사기가 제일 싫어하는 소위 '친환경자동차 광고'에서 여실히 드러난다. 광고에 젖소의 방귀와 쏘나타 하이브리드 자동차의 이산화탄소 배출량을 단순 비교하여 낙농업계로부터 빈축을 사서 결국은 광고를 내리고 만 다음의 사례가 다름 아닌 '엉터리, 현실과 관계없는 말'이 아닐까?

한 할아버지가 젖소로부터 우유를 짜다가 젖소의 방귀에 놀라 뒤로 넘어진다. 곧이어 젖소의 하루 방귀 배출량(7890g)과 자동차의 1㎞당 이산화탄소 배출량(111g)을 비교하는 그래픽이 나타나고, '젖소보다도 적은 이산화탄소 배출량'이라는 문구가 등장한다.

쏘나타 하이브리드의 친환경성을 강조하기 위해 제작된 현대자동차의 젖소 관련 광고가 결국 중단됐다. 현대차 쪽은 "쏘나타 하이브리드 광고 가운데 젖소 관련 광고를 9일부터 내보내지 않기로 했다."고 10일 밝혔다.

이 광고가 중단된 것은 낙농업계의 반발이 거셌기 때문이다. 신문과 방송을 통해 광고가 나가자 낙농업계에서는 "젖소는 하루 배출량을 제시하면서 자동차는 하루에 1㎞만 달리는 것도 아닌데 ㎞당 배출량을 단순 비교해 소비자를 기만했다."며 "탄소발생량을 저감시키는 낙농가의 사육환경과 자동차 제조 과정 등에서 발생하는 탄소 등을 고려하지 않은 것도 이해할 수 없는 대목"이라고 반발했다. 축산관련단체협의회는 지난 9일 성명을 내어 "한 - 유럽연합(EU) 등 자유무역협정(FTA)의 최대 수혜자인 현대차가 최대 피해자인 축산낙농 농민들을 볼모로 상업적으로 이용하려는 악의적 의도가 엿보인다."며 항의하기도 했다. 낙농업계 일부에서 항의방문과 불매운동을 요구하는 목소리까지 나오자 현대차가 7월 중순까지 예정돼있던 광고의 전면 중단 결정을 내린 것이다.

현대차 관계자는 "유머러스한 내용을 가미해 신차를 홍보하려 한 것이었을 뿐 다른 의도는 전혀 없었다."고 밝혔다(한겨레, 2011. 6.10.)-그런데 과연 다른 의도는 전혀 없었다고 할 수 있을까?).

"예를 들면 신문은 '자동차를 대신할 수 있는 대체 교통수단의 개발을 추진합시다.' 라고 말하지 않아. 그런 식으로 말하면 사람들은 '자전거를 타자' 라든지 '당나귀를 타자' 라든지 생각을 하게 되거든. 그런 방향으로 생각이 가지 않도록 신문은 교묘하게 '대체 에너지 개발을 진행합시다.' 라고 말하는 거지."

"에너지를 바꾸어도 자동차는 계속 달리는 거야. 타이어는 지면과 마찰을 일으켜서 타이어분진을 방출해 대기를 오염시키고, 도로는 포장되고, 새로운 자동차를 만들기 위해서 광산은 계속 파헤쳐지고, 즉 근본적인 문제는 전혀 해결이 안되는 거지. 아니 오히려 근본적인 문제 해결쪽으로 생각이 미치지 못하도록 하기 위해서 '대체 에너지를 생각해 보자' 라는 생각의 틀 자체가 제공되는 거야."

우사기는 친구인 '은빛이 도는 테' 가 잘 사용하는 수사법인 '사람의 생각을 컨트롤하기 위한 최적의 방법은 어떤 생각의 틀을 제공하고 그 틀 안에서만 능동적이고 적극적으로 논의를 시키는 것' 을 떠올렸습니다.

우사기가 말합니다.

"결국 그 말인가. 예컨대 '대체에너지를 생각합시다' 라는 생각의 틀이 주어진다, 그러면 사람들은 전문가에게 이끌려 그 틀 속에서 '풍력 발전이 좋다.' '좋은 식물기름으로 자동차를 달리게 하자.' 라고 활발히 논의를 하게 돼. 그렇게 되면 진짜 문제, 즉 '자동차 사회' 의 존재 그 자체는 생각을 하지 않게 되지."

키라라가 말합니다.

"응, 사실 사람들은 '대체사회' 를 생각하고 싶은 건데, 다들 마음의 어딘가에서는 대체에너지 같은 게 정말 의미가 있을까? 라고 생각하고 있는데. 그 의심의 싹이 희망이라는 물을 얻어서 '그래, 대체사회를 만듭시다. 이대로는 인류의 존속자체가 위기를 맞을 수 있으니까!' 라는 식으로 사람들의 생각이 커가는 것을 회색은 언제나 두려워하고 있어."

"회색이 손을 늦추면 사람들은 틀로부터 벗어나서 자유롭게 생각하기 시작하지. 그리고 진짜 문제를 자각하게 될 거야. 그렇게 되지 않도록 회색은 사람들에게 생각의 틀을 계속 제공하는 거야. 대체 에너지라는 말로 사람들의 생각을 '에너지를 어떻게 하자' 는 식으로 틀 속에 집어넣어버리지. 사람들의 생각이 대체사회로 향하지 않도록 만들어버리는 거야."

유도처럼 내던져버려

키라라가 말합니다.

"우사기가 방금 말한 생각의 틀을 제공하고 그 안에서만 활발하게 논의를 시키는 것도 그렇지만 아무래도 회색은 뭐라고 해야 할까, 상대방의 힘을 이용해서 내던져버리는 유도 같은 일을 하는 것 같아."

"예를 들면 사람들 마음속에 '대기를 더럽히고 싶지 않다.' '동물들과 평화롭게 이 별에서 살고 싶다.' 라는 생각이 있으면 그 마음을 교묘히 이용해서 사람들에게 '친환경자동차' 를 파는 거지. 그 회색의 꼼수라는 건 다음과 같은 거야."

"이 지구 위에 또 한 대의 자동차가 늘어서 대기가 더럽혀진다, 동물들이 자동차에 치어 죽임을 당한다, 타이어에서 타이어분진이 발생한다, 석유가 고갈된다, 그 석유 때문에 전쟁이 일어난다. 즉 그러니까 '대기를 더 이상 더럽히고 싶지 않다, 동물들과 평화롭게 이 별에서 살고 싶다.' 와 전혀 반대의 일이 일어나고 있는 거지."

"이런 일을 당하게 되면 혁명적인 생각을 하는 사람들은 '자동차 이외의 이동수단을 생각해 보자' 라든지 '자동차 사회라는 것이 정말 효율적인가? 당나귀를 키우는 것이 정말로 발전된 테크놀로지가 아닌가?' 라는 생각에 이르게 될 텐데. 현실은 그렇지 않고 그런 사람들조차도 회색의 획책에 걸려들어서 새로운 자동차를 구입하게 되고 마는, 즉 '이미 써먹을 대로 써먹어서 낡아버린 꼼수' 에 안전히 걸려들고 말지. 유도에서 이야기하는 한 판에 끝난다는 게 이런 것이 아닐까?"

우사기가 말합니다.

"당나귀 … 나는 당나귀가 좋은데, 친환경이라는 말보다 당나귀는 우리와 친한데……."

우사기의 농담에 키라라와 퀼은 웃습니다.

우사기가 계속 말을 합니다.

"정말 그것에 비하면 자동차는 심해. 자동차는 위험해. 자동차는 시끄러워!"

키라라와 퀼은 우사기가 또 '친환경자동차 이야기를 꺼내는구나' 라고 생각하며 서로 눈짓을 하고 있습니다.

우사기는 친환경자동차 이야기가 나오자 뜨거워지기 시작했습니다.

"최근에는 좀 더 테라피적인 자동차도 있어. '완전채식주의' 자동차라는 거지."

"뭐라고?" 퀼이 되묻습니다.

우사기가 대답합니다.

"친동물, 즉 동물의 가죽을 일체 사용하지 않는 자동차 같은 건데. 그들은 '개발자 전원이 채식주의자입니다.' 라고 말해. 하지만 그래 봤자 자동차가 동물을 치어 죽이는 것은 똑같아. 아니 부자나라들에서는 더 이상 치어 죽일 야생동물이 없어. 아무리 달리고 달려도 동물이 보이질 않아. 포장도로가 산과 산을 관통해서 동물이 살 수 있는 곳이 없어져 버렸거든! 제발 이 이상 늘리지 마, 자동차!"

"친환경자동차!" 세 명은 같이 말하고는 웃습니다.

감춰진 적신호/『셀프』의 세계

키라라가 말합니다.

"그리고 테라피라는 것은 사람들이 구체적인 현실 문제에 관심을 갖게 하는 것이 아니라 자신들의 내면에 눈을 돌리게 하는 역할을 담당하지. 예를 들어 일하는 보람을 느끼지 못해 의기소침해 있는 사람이 테라피를 받으러 간다고 하자. 그 사람을 내담자로 맞이한 테라피스트는 구체적인 현실 문제는 다루질 않지."

"현실 문제를 끄집어내어서 예컨대 '그러면 부글부글 끓어오르죠. 그런 감정이 생기는 이유는 회색이 만들어내는 세계에서는 산업시민권 수가 한정되어 있기 때문입니다. 그런 세계에서는 거의 대부분의 사람들에게 있어 일을 하는 시간은 기쁨이 없는, 그냥 돈을 벌기 위한 시간으로서밖에는 의미가 없습니다. 일을 하는 시간은 살아 있는 시간의 중요한 일부분이기 때문에 그 일하는 시간이 의미가 있고 윤택해지도록 사회 구조를 바꾸지 않으면 안 되죠. 지금의 사회에서는 침울해지고 의기소침해질 수밖에 없죠. 함께 회색을 무찌르기 위해 노력합시다.' 라고 말하는 테라피스트는 없어."

우사기가 슬쩍 끼어듭니다.

"그건 좋은 훌륭한 테라피스트인 거지!"

키라라가 계속 말합니다.

"그래서 그런 테라피스트는 없는 거야. 테라피스트들은 '당신은 부글부글 끓어오르죠' 라고 말하고, 그 사람 내면의 감정 같은 잘 알 수 없는것에 눈을 돌리게 하지. 반면에 현실의 기계에는 터치를 하지 않아."

퀼이 말합니다.

"어떤 사람은 '기계를 멈추지 않아도 기계가 만들어 내는 아픔만 완화시키면 그것으로 된 것 아냐' 라고 말하는데. 하지만 그 아픔이 완화되니까 결국 기계는 계속 돌아갈 수 있는 거지. 겨우 그 사람이 '의기소침한 걸 느끼고 왜 그럴까?' 라고 생각하기 시작했는데 결국 그런 생각은 테라피스트 덕분에 거기서 끝나 버리고 말지. 겨우 '의기소침' 이라는 적신호가 켜졌는데도 그 신호는 사라져 버리고 마는 거지. 실은 적신호를 자각하고 멈춰 서서 진행방향을 다시 생각할 수 있는 기회였는데, 이 세상이 나아갈 방향을 고쳐 묻는 또 한 사람이 늘어날 순간이었는데."

"테라피는 세상이 진정으로 나아갈 방향을 새롭게 생각하는 사람이 늘어나지 않도록 한 사람 한 사람을 따로따로 무너뜨려. 한 사람 한 사람 따로 따로 '테라피 방' 으로 끌어 들이지. 그 밀실 안에서 수직사회에 지쳐 찾아온 사람을 수직사회에 다시 한 번 집어 넣는 거야. 매슬로우가 '승리자 · 패배자가 절대로 필요하다.' 고 말한 인본주의심리학의 세계에 묶어 두는 거지."

키라라가 말합니다.

"매슬로우가 말한 그 이상한 피라미드도 사람의 내면에만 눈을 돌리게 하지. 예를 들면 '어쩐지 기분 좋게 살 수 없네!' 라고 생각하는 사람이 있다고 하자. 그러면 매슬로우는 그 기회를 놓치지 않고 '당신은 자기실현이 되어 있지 않습니다. 자기실현은 피라미드의 정상에 있습니다. 정상에 오르지 못한 것은 밑의 단계가 아직 만들어지지 않았기 때문입니다.' 라고 말하고, 사랑이라든지 셀프이스팀이라든지 사람의 내면에 있는 잘 알 수 없는 것에 눈을 돌리게 하지."

우사기가 한숨을 쉬며 말합니다.

"또 잘 알 수 없는 것에 눈을 돌리게 하는 것인가? 그 사람이 기분 좋게 살 수 없는 것은 실은 산업시민권이 적기 때문이라는 걸 드러커의 친구인 매슬로우는 잘 알고 있어. 잘 알고 있는데도, 아니 알고 있기 때문에 매슬로우는 사람들이 현실을 바라보지 못하게 하고, 그들의 내면을 바라보게 하지. 현실에 눈을 돌리는 사람이 늘어나면 혁명이 일어나 버리기 때문에……."

우사기의 말을 퀼이 잇습니다.

"바로 그런 현실 속에 혁명의 가능성이 있는 거거든. 그래서 '왠지 기분 좋게 살 수 없네.' 라는 회색의 사회에 대한 의심의 싹이 희망이라는 물을 얻게 되어 더 이상 자라지 못하도록 매슬로우는 사람의 내면으로 눈을 돌리게 하지."

"사람의 주의가 자신의 내면에 집중하도록, 셀프의 세계에 빠져 들어가도록……."

아파르트헤이트를 계속 유지하기 위해서

우사기가 말합니다.

"바로 그거야. 회색이 만들어내는 사회가 '시민권이 적은 사회' 라는 것은 틀림없어. 시민권이 적은 사회의 예를 들어

보면 남아프리카에 있었던 아파르트헤이트(Apartheid, 인종격리 정책)[8]가 있는 사회, 그 사회에서 '흑인들이 느끼는 고통을 완화시키는 것은 좋은 일입니다.' 라든지 '흑인들이 자존심을 갖지 못해서 고통을 받고 있기 때문에 도와주고 있습니다.' 라고 말하며 활동하는 조직이 있다고 하자.

그 조직은 고통을 만들어 내는 근원인 아파르트헤이트라는 제도를 결코 없애려고 하지 않아. 인종차별을 하는 백인들이 날뛰는 사회 구조 자체를 바꾸려고 하지 않는 거야. 그런 조직이 있다고 하자."

"그 경우 아무래도 그 조직은 아파르트헤이트라는 큰 기계의 부품 중 하나로 움직이는 것이지. 그 조직은 아파르트헤이트를 계속 유지시켜 나가기 위한 전체구조의 일부분이라는 느낌이 들어. 정말로 비참한 흑인을 도와주고 싶다면 아파르트헤이트를 없애는 것 이외에는 방법이 없다는 것을 알고 있을 텐데, 아파르트헤이트에게는 대항하지 않고 단지 흑인들의 아픔을 완화시키는 역할만 하는 조직에 불과하거든 ……."

키라라가 말합니다.

---

8) 원래는 분리 · 격리를 뜻하는 아프리칸스어(語)이다. 남아프리카에서는 약 16%의 백인이 84%의 비백인(非白人)을 정치적 · 경제적 · 사회적으로 차별해 왔다. 백인우월주의에 근거한 이 인종차별은 17세기 중엽에 백인의 이주와 더불어 점차 제도로서 확립되어 왔는데, 1948년 네덜란드계 백인인 아프리카나를 기반으로 하는 국민당의 단독정부 수립 후 더욱 확충 · 강화되어 아파르트헤이트로 불리게 되었다(네이버 백과사전).

"음 … 큰 잔혹한 기계는 많은 비참함을 만들어 내지. 그 조직도 그 비참함의 원인 제공자일지도 몰라."

퀼이 말합니다.

"아픔을 완화시키면서 그 아픔을 만들어내는 기계는 그대로 두게 하는 ……. 그러니까 현실의 구체적인 문제에는 생각이 미치지 않도록 하는 건가?"

우사기가 대답합니다.

"그렇지, 전쟁에 관한 뉴스도 비슷해. 회색은 전쟁을 없앨 생각이 없어. 전쟁은 회색에게 있어 시스템을 유지시켜 주는 중요한 일부분이거든. 그러나 전쟁이라는 기계는 아픔을 만들어 내지. 전쟁이라는 기계를 멈추지 않고 어떻게 기계가 만들어내는 아픔을 완화시킬 수 있을까? 그 방법은 '종교대립이기 때문에 어쩔 수 없다, 우리는 모른다, 고대부터 이어져 내려온 분쟁이니까 어쩔 수 없다.' 는 식으로 자신들은 알 수 없는 이유 때문에 전쟁이 일어난다고 생각하면 확실히 아픔이 완화되는 느낌이 들긴 들지. 사람들에게 비틀즈의 〈이메진〉 같은 노래라도 부르게 하면서 현실의 구체적인 문제에는 눈을 돌리지 못하게 만들어 버리는 거야."

테라피적인 사회 설계하기

키라라가 말합니다.

"앞에서 말한 '유도처럼 상대방의 힘을 이용해서 내던진다.'는 것은 테라피의 방법과 똑같아. 테라피의 방에 두 사람이 있어. 테라피스트는 클라이언트(내담자)가 말하는 것을 계속 듣고 공감하지. 그런데 테라피스트는 자신의 이야기는 하지 않아. 단 클라이언트가 말하는 것을 '아, 역시 당신은 이렇게 생각하는 거죠'라고 앵무새처럼 상대방에게 돌려주는 것뿐이야. 돌려줄 때에는 클라이언트가 현실에 주의를 기울이지 않도록 하지. 클라이언트의 주의가 오로지 자신의 감정을 향하도록만 하는 거야. 그러면 클라이언트는 자신의 힘으로 점점 테라피스트의 의도를 읽고 테라피스트가 바라는 '자기'를 찾아 가게 되지."

"나는 테라피를 받은 적은 없지만 테라피라는 것은 대체로 그런 과정으로 이루어지는 것 같아. 두 사람의 대화는 일방통행으로 이루어지다가 끝이 나고 게다가 회색의 이야기로는 결코 가지 않지. 회색은 '국민'을 한 사람도 남기지 않고 손에 쥐려고 매일 현실을 움직이고 있는데도, 그리고 방에 있는 두 사람의 상하관계는 암묵적으로 정해지는데도 그 사실을 지적하면 '우리들은 친한 친척과 같은 관계입니다.'라고 말하며 두 사람 모두 화를 내는 것 같아."

"뭐라고 ……." 우사기와 퀼이 멍하니 바라보고 있습니다.

키라라가 계속 말합니다.

"그리고 클라이언트가 스스로 테라피스트가 바라는 '자기'를 발견해 가기 때문에 테라피스트 자신은 힘을 들일 필요가 없는 거지. 하루에 테라피스트를 찾아오는 클라이언트들 문제에 제대로 대응하려고 하면 테라피스트는 틀림없이 피곤에 지쳐서 쓰러지고 말 거야. 그런데 어떤 테라피스트는 '마지막 환자가 3시에 끝나니까 3시 15분에 타이요리 먹으러 갈까' 라고 친구에게 전화를 해. 그 말은 환자를 성심껏 진료하지 않는 걸 의미해."

우사기가 정색을 하며 말합니다.

"나도 같은 생각이야. 한 사람이 정성을 다해 만날 수 있는 사람 수라는 게 정말 얼마 안 될 텐데. 하물며 이쪽에서 도와주려고 생각할 수 있는 사람 수라고 하면 10년 동안 두 사람이나 세 사람 정도가 아닐까. 한 사람이 많은 사람을 도와주려고 하면 '도움의 질' 이 당연히 떨어지게 되지."

키라라가 화답합니다.

"맞아! 사람을 도울 때 정성을 다하려고 하면 앞뒤 생각 없이 무턱대고 바지만 입은채 연못에 뛰어드는 것 같은, 그러다가 바지에 다리가 걸려서 굴러 넘어질 듯한, 그래서 그런 모습을 보고 있는 사람이 안쓰러운 느낌이 들어야 할 텐데. 테라피스트에게는 그런 모습을 찾아볼 수가 없어. 테라피스트들은 기분이 나쁠 정도로 침착하고 목소리가 낮지. 그들의 목소리는 부드러운 것 같으면서 잘 들어보면 무서울 정도로 차가워. 청결한 것 같으면서 잘 들어보면 시궁쥐처럼 더러워. 그런 이상한 목소리로 들려."

우사기도 가세합니다.

"어쨌든 테라피스트들은 자신의 힘이 아니라 상대방의 힘을 이용해서 '환자'를 내던지고 있다는 느낌이야. 자신의 공간 안에서 '유도'를 하고 있는 거지. 그러고 보면 매슬로우도 로저스도 '참선'이라든지 '유도' 같은 이른바 '동양적인 것'을 아주 좋아했어. 물론 그들의 이런 기호(嗜好)가 늘 이상하다고 생각은 하고 있었지만 ……."

"그러면 회색이 이 세상을 지배하는 방식 중의 하나인 테라피적인 것을 생각해보도록 할까. 예를 들면 '친환경자동차'를 구입한 사람들조차도 실은 이전부터 자동차 사회에 관해서 적신호를 느끼고 있었어. '하늘에 구멍이 나있는 것 같아' '북극곰이 초조해질 정도로 북극의 얼음이 녹고 있는 것 같아' '날씨도 이상해지고 이상한 병도 늘어나고 있어'라고 말야. 실은 의심의 싹이 고개를 쳐들었던 거지. 그대로 의심의 싹이 자라나면 그 사람 안에서 '혁명'이 일어나서 그 사람은 시스템으로부터 제외되고 있어. 그런데 '친환경자동차'에 의해서 그 사람은 또 한 번 시스템 안에 갇혀 버리는 거야."

퀼이 화답합니다.

"테라피는 사람이 시스템을 벗어나지 못하도록 옭아매지.

즉 시스템으로부터 벗어나려는 사람을 용케도 시스템 안에 재차 가두는 역할을 해."

"예를 들면 부자나라에서는 텔레비전에서 '기분이 우울하거나 다운되는 사람은 테라피를 받으세요.' 라는 광고가 수시로 흘러나오지. 기분이 우울해지고 의기소침해지는 사람, 즉 회색의 시스템 속에서 괴로움과 고민과 고통을 느끼고 시스템으로부터 벗어나려고 하는 사람은 테라피스트를 찾게 되고 그들은 결국 시스템 안에 다시 집어넣어지게 되는 거야."

희망을 갖지 않는 성장

키라라가 말합니다.

"테라피적인 것, 테라피적인 방법 등이 마치 세상을 뒤덮고 있다는 느낌이야. 테라피적인 '친환경자동차', 테라피적인 '뉴스의 말', 테라피적인 '플라스틱의 리사이클' 이라는 환상, 테라피적인 '사회운동', 테라피적인 '선거', 테라피적인 '원조' 등등 기계가 만들어 내는 고통을 부드럽고 친절하게 테라피적으로 완화시키면서 잔혹한 기계가 계속 움직이는 거지!"

"심리학자인 칼 로저스는 산업계와 오랫동안 가까웠던 것 치고는 아직까지도 사람들에게 '좋은 이미지' 로 남아 있어.

그 로저스가 1968년에 이런 논문을 썼지. '지금 사회에 존재하는 모든 제도 중에서 2000년을 맞을 준비가 가장 잘 되어 있는 것은 산업계이다. 산업계는 인간관계에 관해서 비전을 갖고 있으며, 2000년까지 조직 내의 모든 인간이 테라피적으로 행동하는 것의 필요성을 자각할 것이다.'

이 '테라피적' 이라는 것은 그 논문에서 나오는 이탤릭체로 쓰인 '커뮤니케이션' 과 같은 의미야. 이 커뮤니케이션이 어떤 것인가 하는 것은 1952년 《회색비즈니스리뷰》에서 로저스 자신이 설명하고 있기 때문에 그것을 참조해서 내가 '테라피적' 으로 번역한 거야."

"2000년의 산업계는 컴퓨터가 고장나는 것보다 인간관계가 고장나는 것에 주의를 기울일 거야. 그리고 산업계는 경제적인 성장과 사람의 성장은 이인삼각으로 진행된다는 것을 자각할 거고. 로저스는 제대로 보고 있는 거야. 경제학이 생각하는 GDP적인 '성장', 나풀나풀 거리는 종이인형들의 '성장', 그것과 인본주의심리학이 생각하는 불평등한 사회에 자신을 집어넣는 '성장', 주어진 틀 속에서의 '성장', 확실히 이인삼각으로 일이 진행되고 있다는 느낌이야."

키라라가 뭔가 생각난 듯한 표정을 지으면서 말합니다.

"앞에서 이야기를 나누었던 '부적절한 희망' 과도 관련이 있는 것 같아. 테라피스트가 그리고 회색이 사람들에게 바라는 것은 '적절한 희망을 가진 성장' 이라고 해야 할까? 우리

같은 부적절한 희망을 갖지 않는 성장인 거지."

"아니 그것보다는 아예 이 이상 희망은 전면적으로 금지라고 말하는 편이 나을 것 같아. 테라피스트와 회색이 사람들에게 바라는 건 '희망을 갖지 않는 성장.'"

그 말을 들은 우사기와 퀼은 웃습니다.

칼 로저스가 회색에게 바치는 것

키라라가 말을 이어갑니다.

"맞아. 로저스는 사회의 흐름을 제대로 읽고 있었던 거지. 그도 바보는 아니거든. 그런데 1952년에 《회색비즈니스리뷰》에 기고한 글은 꼴사납다고 해야 할까? '권력에 충성을 다하겠습니다.' 와 같은 자세를 노골적으로 드러내고 있는 것 같아!"

우사기가 말합니다.

"아주 심하다고 볼 수 있지. 기지제국의 인텔리라고 하면 누구라도 《회색비즈니스리뷰》가 어떤 출판물인지 알고 있어. 그 잡지는 기지제국의 돈과 권력의 중추야. 게다가 로저스는 회색수하들이 그 잡지를 즐겨 읽는다는 것을 잘 알고 자신이 발명한 테크닉을 공을 들여 설명하고 있지. 음, 그러니까 그 논문은 '회색에게 바치는 것' 이라고 해야 할까. 어쨌든 내가 화가 나는 것은 그런 사람이 로저스인데 어찌된 영문인지 사람들한테 매슬로우보다 훨씬 좋은 이미지로 기억되고 있다는 거야…….”

퀼이 화답합니다.

“많은 사람들에게 좋은 이미지로 비춰지는 녀석일수록 엉큼한 법이지. 자신이 사람들에게 어떻게 비춰지고 사람들이 자신을 어떻게 생각할까에 늘 모든 신경을 곤두세우다 보니 사람들한테는 좋은 이미지로 계속 남아 있는 거야. 그런 녀석은 확실히 엉큼해.”

*역자의 생각

많은 사람들이 ‘선’ 즉 ‘옳은 것’ 으로 생각하는 통념 중에 자신의 의견을 말할 때나 표명할 때 한쪽으로 치우치지 않는 즉 ‘중립을 지키는 것이 중요하다.’ 는 말이 있다. 그리고 우리는 그 통념에 그대로 묶여서 ‘모든 사람들에게 좋은 이미지로 기억되는 사람’ 을 선호하는 경향이 있다. 그러나 공자는 그러한 ‘중립’ 을 지키는 것이 실은 말 그대로의 ‘중립’ 이 아니라는 사실을 다음과 같이 우리에게 일깨워준다. 그리고 그러한 공자의 관점에 대한 신영복 선생의 주석 또한 ‘중립’ 혹은 사람들에게 좋은 이미지로 비춰지는 것의 의미를 재고하는데 눈여겨 볼만하다.

자공이 물었다.
“마을 사람 모두가 좋아하는 사람은 어떻습니까?”
공자가 대답하였다.

"좋은 사람이라고 할 수 없다."

"(그렇다면) 마을 사람 모두가 미워하는 사람은 어떻습니까?"

공자가 대답하였다.

"(그 역시) 좋은 사람이라고 할 수 없다. 마을의 좋은 사람이 좋아하고 마을의 좋지 않은 사람들이 미워하는 사람만 같지 못하다."

주자(주자)의 주석에는 마을의 선한 사람들이 좋아하고 마을의 불선한 사람들 또한 미워하지 않는 사람은 그의 행(行)에 필시 구합(鳩合-영합)이 있으며, 반대로 마을의 불선한 사람들이 미워하고 마을의 선한 사람들 또한 좋아하지 않는 사람은 그의 행(行)에 실(實)이 없다 하였습니다.

구합은 정견 없이 남을 추수(酋帥)함이며, 무실(無實)은 선자(仙者)의 편이든 불선자의 편이든 자기의 입장을 갖지 못함에서 연유하는 것이라 할 수 있습니다. 정견이 없는 입장이 있을 수 없고 그 역(逆)도 또한 참이고 보면, 『논어』의 이 다이얼로그(dialogue)가 우리에게 유별난 의미를 갖는 까닭은, 타협과 기회주의에 대한 신랄한 비판이면서 더욱 중요하게는 파당성(派黨性-parteilichkeit)에 대한 조명과 지지라는 사실 때문이라고 생각합니다.

불편부당(不偏不黨)이나 중립을 흔히 높은 덕목으로 치기도 하지만 바깥 사회와 같은 복잡한 정치적 장치 속에서가 아니라 지극히 단순화된 징역 모델에서는 좋은 사람과 나쁜 사람이 싸울 때의 '중립' 이란 실은 중립이 아니라 기회주의보다 더욱 교묘한 편당(偏黨)임을 쉽게 알 수 있습니다.

마찬가지로 '마을의 모든 사람들' 로부터 호감을 얻으려는 심리적 충동도, 실은 반대편의 비난을 두려워하는 '심약함' 이 아니면,

아무에게나 영합하려는 '화냥끼' 가 아니면, 소년들이 갖는 한낱 '감상적 이상주의' 에 불과한 것이라 해야 합니다. 이것은 입장과 정견이 분명한, 실(實)한 사랑의 교감이 없습니다. 사랑은 분별이기 때문에 맹목적이지 않으며, 사랑은 희생이기 때문에 무한할 수도 없습니다(신영복(2008). 강의. 돌베개).

우사기가 화답해줍니다.

"그래, 엉큼하지. 로저스는 기지제국 지도자들이 수십 년 동안 어떻게 해서든지 자신들의 눈에 거슬리는 노동조합과 노동자들을 근절하고 싶다고 생각해 온 것을 잘 알고 있었어. 그래서 그 지도자들과 지도자들의 어드바이저가 구독하는 《회색비즈니스리뷰》에 등장해서 '노동조합이 요구하는 말은 테라피스트가 환자의 말을 듣는 것처럼 들으면 됩니다.' 라든지 '공산주의 나라의 말 또한 테라피스트가 환자의 말을 듣는 것처럼 들으면 됩니다.' 라고 쓰고는 '아, 그리고 연구비를 좀 많이 주세요.' 라고 말하였지. 정말 엉큼한 사람이었어."

"당연히 회색의 수하들은 로저스의 테크닉을 마음에 들어 했지. 그런데 1952년의 《회색비즈니스리뷰》가 나오기 전까지는 회색의 수하들 중에 로저스를 주목하고 있었던 사람은 단 한 명뿐이었어"

"레스리스 파커 교수" 키라라와 퀼이 목소리를 높여 함께 말합니다.

이어서 퀼이 말합니다.

"회색비즈니스 스쿨의 레스리스 파커 교수, 은밀한 곳에 숨어 몰래 사람들을 조종하는 방법을 끊임없이 고안하는 고독한 남자."

우사기가 추가로 설명합니다.

"맞아! 그 사람 혼자서 1940년대부터 로저스를 주목했었지. 그러다가 1952년의 로저스의 논문이 드디어 《회색비즈니스리뷰》에서 가장 영향력 있는 논문 중 하나가 됐어. 그리고 그 논문에 이어서 《회색비즈니스리뷰》에 실린 로저스의 글을 추종하는 회색의 수하들이 갑자기 늘어났어."

"《회색비즈니스리뷰》에서 경영학을 연구하는 회색의 수하들은, 즉 말하자면 '기업적인 사회'를 만드는 것을 생각하고 있어. 당연한 거지만 노동자, 경영자, 소비자도 모두가 사회로부터 나오고 사회에서 살고 있기 때문에, 예를 들면 드러커는 자신을 '경영학자'라고 말하지 않고 '사회환경학자'라고 말하지. 즉 그는 자신을 '사람과 사람을 포함하는 환경을 생각하는 사람'이라고 말해. 사람과 사람을 포함하는 환경 같은 말은 우리들도 생각하고 있는 건데, 드러커가 말하는 사회환경학자라는 것은 '회색에게 유리한 사람들을 자기편으로 끌어들이는 방법을 생각하는 사람'이라고 보면 돼."

퀼이 말합니다.

"드러커가 이전부터 말하고 있는 것처럼 기업에 있어서 가장 큰 문제는 사회적인 것으로 국민들이 특정한 사회에 살고 있고 자신들의 생각이 그 사회의 통치 이데올로기등에 많이 영향을 받고 있다는 사실을 자각하게 되면 회색의 시스템에는 미래가 없지. 따라서 그들은 사회환경을 회색에게 유리하도록 만들려고 하는 거야. 즉 사람들이 사회에 대해서 생각하지 않는, 관심을 갖지 않는 사회시스템을 만들려고 하지."

우사기가 이야기를 계속합니다.

"맞아! 그래서 1952년 이후에 로저스에게 주목한 학자들은 … 그런 이야기는 너(퀼을 가리키며)의 전문 분야잖아!"

퀼이 공책을 뒤적거립니다.

"그러니까 회색비즈니스 스쿨에는 아기리스(Argyris)교수, 레빗(Levitt)교수 등이 있는데, 이 사람들은 '글로벌리제이션'이라는 말의 창시자야. 그리고 나중에 케네디, 존슨, 닉슨, 레이건 등 네 명의 대통령 어드바이저가 되는 베니스 교수 등 경영학이 정치학이 되는 지금의 사회를 만든 중심인물들이지."

"그들에게 있어 기업이 가장 중요하게 여겨야 할 문제는 일관적이야. 그것은 드러커 식으로 말하자면 '적은 시민권', 즉 시민권이 적어서 사람들이 활기차게 살 수 없는 사회, 거대한 불만을 만들어내는 사회, 불평등하고 불공평한 아파르트헤이트의 사회, 매슬로우가 말하는 승리자 · 패배자가 필요한 사회, 그러나 그 사회를 바꾸는 것은 회색을 무너뜨리는 것이 되기 때문에 절대로 할 수 없지. 시민권이 적은 사회를 바꾸지 않고 소수의 시민권으로 인해 만들어지는 고통을 완화시키는 것. 그것이 그들의 목표가 되는 것은 당연해."

우사기가 맞장구를 쳐줍니다.

"맞아! 《회색비즈니스리뷰》를 읽는 것은 나의 취미니까."

키라라와 퀼이 어깨를 움츠립니다.

실제로 우사기와 연락이 안 될 때 우사기는 친구들이 모이는 아지트 옆에 딸린 밭에 있든지 아니면 도서관에서 《회색비즈니스리뷰》 과월호를 쌓아 놓고 그것과 씨름하고 있습니다.

"어느 날 1950년대의 《회색비즈니스리뷰》를 살펴보고 있었는데 ……."

우사기는 도서관에서 있었던 일을 생생하게 재현하고 있습니다.

"오래된 책 냄새가 나는 페이지를 넘기다가 칼 로저스의 논문을 발견하게 되었지. 그 순간 너무 흥분했어. 그래서 스스로에게 '진정하자' 라고 타이르고 그 내용을 읽어보기로 했지. 백주에 회색에게 충성을 다하고 돈까지 요구하던 기억이 나서 그 '좋은 사람 이미지' 가 수상하다고 생각했었는데, 역시나였어!"

키라라가 화답합니다.

"그 '역시나' 라는 감각 혹은 느낌! 심리학이라든지 테라피에 관해서 '이상하다' 혹은 '수상하다' 라고 느낀 사람들이 현실에 눈을 뜨게 되면 반드시 생각하게 되는 거지. '아, 그런 거였어? 역시나!'"

우사기가 계속 이야기합니다.

"그때 나는 화가 났었어! 심리학 같은 것은 원래부터 이상한 것이라고 생각하고 있었는데……. 회색의 수하들의 총본산에 가서 만나게 된, 그러니까 '노동조합과 공산주의 문제는 환자와 같이 취급하는 것은 어떤가요.' 라든지 '아, 그리고 연구비는 잘 부탁합니다.' 라는 내용을 보고……. 그때가 막 정오가 지난 무렵이었는데 무심코 주먹을 쥐고 의자에서 벌떡 일어났지. 만약 마요네즈 튜브라도 손에 쥐고 있었다면 내용물이 전부 터져나왔을 거야."

"마요네즈의 튜브라고?" 키라라와 퀼이 입을 맞춘 듯 말합니다.

우사기가 계속 말합니다.

"게다가 도서관의 잡지를 뒤져보면 로저스가 기업이 만든 학술잡지에 집필자로 등장하는 것이 《회색비즈니스리뷰》를 포함해서 서너 권 정도 되는데 이와는 대조적으로 노동조합이 발행하고 있는 잡지에서 그가 집필자로 등장하는 일은 한 번도 없어. 게다가 '사람의 자유로운 성장' 이라고 하면 기지제국에서는 아나키스트, 시민권운동, 페미니스트, 선주민족(아메리카 인디언) 운동 등등 많은 사람들이 생각해 온 것이지만 그가 그런 사람들의 잡지에 기고한 흔적은 전혀 찾을 수가 없어. 1950년대, 1960년대, 1970년대라고 말하는데 로저스가 논문을 발표한 것은 심리학, 교육학, 카운슬링, 의학 그리고 비즈니스의 잡지로 그 어느 것에서도 똑같은 냄새가 나. 그 냄새는 '우월한 사람의 입장' '지도자 입장', 그리고 '지배자 입장'의 냄새야."

"교육에서는 교사가 '우월한 사람', 카운슬링에서는 카운슬러가 '우월한 사람', 비즈니스에서는 경영자가 '우월한 사람', 로저스는 그 '우월한 사람'들만 상대하지. 그런 로저스의 행보를 보면 매슬로우가 만든 '인본주의심리학이 주장하는 엘리트주의, 사람의 수준을 나누고 건강과 병, 평등하지 않은 투표가 필요하다.'는 말이 계속 생각이 나."

"만약 로저스가 그렇게 훌륭한 '사람과 사람이 이야기를 잘 나눌 수 있는 테크닉'을 발명했다고 하면, 여기저기 글을 써서 모두에게 가르쳐 주면 되지. 기업 경영자들에게 '노동조합하고는 이런 식으로 이야기를 하세요'라고 가르쳐 주는 것과 똑같이 노동조합 신문에도 글을 써서 '경영자들과는 이런 식으로 이야기를 하세요.'라고 가르쳐 주면 될 건데……. 하지만 로저스는 가르치는 상대를 신중하게 골라. 그는 교사와 의사와 카운슬러와 사장 등 '위에 있는 사람'에게만 '이렇게 이야기 하세요.'라고 가르치지."

"왜 그럴까? 그건 로저스가 자신이 발견한 상대방의 말에 '경청하기' 대화의 테크닉은 교사와 학생이라든지, 의사와 환자라든지, 상사와 부하라든지 그런 상하관계가 존재하는 곳에서만 효과가 있다는 걸 알고 있었기 때문은 아닐까?"

"또 한 가지 로저스는 자신의 테크닉은 기계를 멈추지 않고 기계가 만들어 내는 고통만 완화시키기 때문에 그것이 혁명을 방지하기 위한 중요한 도구라는 사실을 잘 알고 있었기 때문은 아니었을까? 그래서 '혁명'을 생각하고 있는 사람들에게는 가까이 가지 않고, 의사와 교사, 그리고 기업인들에게 가까이 간 것은 아니었을까?"

"똑같은 심리학자라도 로저스는 매슬로우와 달리 '사람 사이에는 우열이 있으니까 사회가 수직적으로 되는 것은 당연하다. 그 수직사회에서 윗사람이 밑에 있는 사람을 잘 조종하는 것이 필요하다.' 같은 말을 노골적으로 하지는 않았어. 오히려 사람들에게 '조용한 혁명가' 같은 이미지를 심어주었지. 그런데 그 사람의 진짜 정체는 '조용히 혁명을 막는 사람' 쪽에 가깝다고 생각해."

"로저스가 무엇을 생각하고 있었는가는 1952년의 《회색비즈니스리뷰》가 현실에 미친 영향과 비교하면 아무것도 아니야."

우사기는 파자마가 흘러내린 엉덩이를 쓱쓱 긁으면서 진지한 얼굴로 이야기 합니다.

"《회색비즈니스리뷰》를 읽는 것은 회색의 수하들 중에서도 특히 큰 예산을 만지고, 큰 조직을 갖고 있는 녀석들과 그 어드바이저들이야. 《회색비즈니스리뷰》라는 무대에서 로저스는 자신이 만들어낸 테크닉을 잘 팔아먹었지. 그리고 실제로 그 글은 그 동안 나온 《회색비즈니스리뷰》에 실린 글 중에서 가장 많이 팔린 글 중의 하나가 되었어."

"그리고 놀랄 만한 사실은 그렇게 직접적으로 현실 사회에 영향을 준 논문이 로저스의 신자들 사이에서는 마치 존재하지 않은 것으로 알고 있으니 그것이야말로 '현실을 보지 않으려고 하는' 느낌이 들어."

키라라가 한마디 거듭니다.

"로저스를 좋아하는 사람들에게 로저스는 일종의 '신앙 시스템' 이니까 그가 회색과 손을 잡고 있는 모습을 봐도 못 본 척하고 싶은 거겠지."

퀼이 묻습니다.

"그런데 로저스는 어떻게 산업계에 관해서 잘 알게 된 것일까? 1968년의 논문에서는 '산업계는 비전을 갖고 있다.' '기업의 경제적인 성장과 사람의 성장은 함께 진행되어 간다.' '과거에는 산업계에 관해서 편견이 있었지만' 이라는 부분도 수상해."

"로저스에 관해서는 사실 의문투성이야. 로저스에게는 산업계의 아주 최상위층에 친구가 있었을거야. 그게 누구였을까? 1950년대에 록펠러 재단으로부터 연구비를 받고 진행한 연구는 어떻게 되었을까? 로저스가 상임연구원이었던 '웨스

턴행동과학연구소' 의 돈은 어디서 흘러 들어왔을까?"

우사기가 대답합니다.

"그런 이야기는 로저스를 신앙의 대상으로 생각하는 사람들이 쓴 《로저스 전기》같은 데는 전혀 나오지 않아"

누군가 나를 지켜볼 때의 행동

키라라가 말합니다.

"다시 한 번 드러커의 이야기로 돌아오자면, 드러커와 그의 동료들이 사회에 미친 영향으로는 NGO와 NPO를 사회에 많이 만들게 해서 누군가 '자신을 보고 있다는' 의식을 갖고 행동하도록 한 것도 크다고 생각해. 즉 NGO와 NPO는 보고서를 만들어서 자신들의 자금과 활동 내용을 '위' 에 보고하지 않으면 안 되거든. 그들은 '보고서는 여러분에게 활동내용을 공표하기 위함입니다.' 라고 말은 하지만 실은 세금면제를 받기 위해서거나 원조금을 내주는 조직에게 보고의 의무가 있기 때문이야."

"보통 '사회활동' 을 한다고 하면 보고의 의무는 어디에도 없어. 그런 활동을 하는 사람들은 자기 편한 대로 자비를 들여 광장에 모여서 아무도 보지 않는 곳에서 계획을 세우고 어느 날 갑자기 행동을 하면 되는 거지. 그런데 회색은 이 '보이지 않는 행동' '갑자기 일어나는 행동' 같은 것을 싫어해. 하늘에 갑자기 나오는 무지개처럼 사람들의 예측할 수 없는 행동을 정말 싫어하지."

"누군가 자신을 지켜보고 있지 않을 때의 행동, 그것은 회색에게 있어서 다루기 힘든 일이야. 아무도 자신을 보지 않을 때 사람들은 대담해지는 법이지. 실상 누군가 자신의 행동을 지켜보고 있다고 생각하면 사람들 앞에서 '이상한 일은 할 수 없다.' 라고 생각해. 방의 창문에 커튼이 걷혀 있을 때와 드리워져 있을 때 사람은 입는 옷도 하는 행동도 달라."

"뭐라고? 키라라, 넌 커튼이 쳐져 있을 때 뭔가 이상한 일이라도 하는 거야?"라고 퀼이 농담조로 묻습니다.

키라라는 정색을 하고 말합니다.

"지금 농담하는 것이 아니라 진지한 이야기를 하고 있는데 ……."

퀼이 말합니다.

"몰랐어. 뭐하고 있다고 생각해, 우사기 넌?"

우사기가 대답합니다.

"그게 뭘까. 별로 생각해 보고 싶지 않은데 ……. 혹시 폭탄을 만들고 있나?"

키라라가 무릎을 치며 말합니다.

"맞아, 맞아! 바로 그거야. 사람들은 커튼을 치고 폭탄을 만들지. 다른 사람들이 안보는 곳에서 혁명을 생각해. 회색은 그것을 방해하고 싶은 거야. 그래서 NGO와 NPO를 많이 만들게 해서 환경과 사회와 정치 같은 것을 생각하는 사람들이 자신들의 행동을 언제나 누군가 '보고 있다.'는 의식을 갖고 움직이도록 하지. 그렇게 하면 회색수하들이 언제나 걱정하고 있는 혁명은 일어나기 어려워. 드러커는 그런 '사회환경'을 설계해 왔어."

"예를 들면 자동차 사회의 문제를 생각하는 모임이 생겼다고 하자. 그들이 자유롭게 생각하면 '아, 그렇지. 맞아. 새로운 교통수단을 생각하지 않으면 안 된다.' 라든지 '음, 지금의 세법은 새로운 자동차를 계속해서 사는 것이 이익이 되도록 되어 있다. 그것을 바꾸어서 자동차를 오랫동안 타는 것이 득이 되도록 하는 것이 낫다.' 라든지 회색에게 불리한 것을 생각하기 시작하게 되지."

"혹은 자동차 기업이 많은 그림책 나라 모임이라고 하면 '자동차산업은 그림책 나라의 많은 사람들이 열심히 일해서 크게 된 것이다. 그림책 나라의 자랑이다. 나라의 자랑으로서 자동차산업을 국유화해서 이익을 국민 모두에게 나누자. 이익이 나라 바깥으로 흘러 나가지 않도록 하자' 라든지, '외국에 공장을 세우는 것을 그만두고 그림책 나라에서 그림책 나라 노동자들만으로 낡은 자동차 부품을 재활용해서 정말로 친환경자동차를 제조하자' 같은 생각을 하게 될지도 모르는 노릇이지."

"사람들이 자유롭게 생각하면 정말로 효율적이고 좋은 아이디어, 즉 '부적절한 희망' 이 생기게 되는 거야. 그러면 혁명이 일어나게 되는 법이지. 그렇게 되지 않도록 하려면 어떻게 해야 할까? 회색은 그 모임에 보고의 의무를 부과해. 즉 '위에서 보고 있다는 의식' 을 사람들이 갖도록 하는 거지. 이 방법은 다름 아닌 테라피의 구조와 똑같이 암묵적인 상하관계를 만들어 버리는 거야. 즉 돈을 원조해 주는 재단에 보고할 의무가 있다든지, 세금 보고의 의무가 있다든지, 결론적으로 모임을 NGO · NPO화 시켜 버리는 거지."

우사기와 퀼이 웃습니다.

키라라가 계속 말합니다.

"구체적으로 예를 들면 '자동차 사회의 문제를 생각하는 모임' 이 자동차를 만드는 기업과 건설업계로부터 돈을 받고 있으면 '모두 자동차 타는 것을 그만 둡시다.' 라거나 '아스팔트 포장에 반대합시다.' 라고 말하기는 어렵지. 그렇게 되면 재단으로부터 돈을 받지 못하게 될 수 있으니까 혹은 뭔가 이익을 얻기 위해서 어딘가에 조직의 활동을 보고할 의무가 있다면 이른바 '비합법적인 활동' 은 못하게 되는 거야."

"예를 들어 '이번 일요일은 도로를 봉쇄하고 자동차 사회가 만들어 내는 문제를 생각하는 상징으로 당나귀를 타고 행진하자' 와 같은 활동은 비합법적이기 때문에 할 수 없지. 그렇게 해서 '부적절한 희망' 은 모임의 구성원들을 구속하고 있는 관점의 틀 바깥으로 쫓겨나게 되는 거야."

우사기가 한마디 거듭니다.

"정해진 좁은 틀 안에서 활발하게 논의를 진행하는 것뿐이지. 결국 재단으로부터 돈을 못 받을 수 있기 때문에 '비합법적인 것'을 피해야만 해. 그런데 회색의 시스템을 보면 실은 비합법적인 것 투성이인데……. 예를 들면 세계의 마약산업 규모는 연간 약 650조 원인데 이 거대한 산업이 없다면 회색의 시스템은 움직일 수 없어. 회색은 당연히 마약산업을 끝낼 생각이 없다보니까 회색에게 있어서 '비합법적' 같은 건 전혀 대수로운 일이 아니야."

퀼이 말합니다.

"게다가 아무리 생각해봐도, 이른바 민주주의, 데모크라시의 역사는 비합법적 활동의 역사야. 기지제국의 건국은 냉혈의 나라로부터, 당시 법률로 보면 비합법적인 독립이었지. 그림책 나라의 그 뭐였지 … 메이지유신도 당시의 지배자의 입장에서 보면 완전히 비합법적이지. 남아프리카에서 인종차별 정책에 반대하는 사람들도 비합법적이고, 유대인 학살에 반대하는 것도 '수염이 난 독재자'로부터 본다면 비합법적이야. 원래 '땅 나름의 규칙(土地の)'이 있는 곳에 무단침입해서 '나라(State)'를 만드는 것은 '땅 나름의 규칙'으로부터 보면 역시 비합법적인 거지. 그러고 보면 비합법의 유래를 갖지 않는 나라는 없어."

"그런데 일단 권력을 쥐게 되면 즉 비합법적으로 권력을 쥔 사람들이 '합법적으로 합시다.' '법은 시민의 의무입니다.' 라며 확성기를 갖고 외치지. 음, 이 이야기는 길어질 게 뻔하니까 여기까지 ……."

그렇게 말하고 퀼은 얼굴을 쓱싹 닦습니다.

우사기와 키라라가 웃습니다.

*역자의 생각

서구적인 국가(state)형태가 생기기 이전에는 각각의 땅 나름의 규칙이 있었다. 그런데, 그것은 '국가의 법률' 이 아니라 그 토지 집단 자신에 의해서 집단 자신에게 부여된 지금의 말로 하자면 법 같은 것이었다. 일본 최북단에 사는 선주민 아이누족이 좋은 예가 될 것이다. 그래서 집단으로서의 규칙이 없는 무엇을 해도 되는 집단은 역사상 존재하지 않았다고 볼 수 있다. 그러므로 근원적인 '법' 의 모습을 환기한다는 의미에서 '땅 나름의 규칙' 이라는 말을 사용한다.

다시 시민권의 문제로/ 이대로 회색을 살려 둔다면

키라라가 이야기를 계속합니다.

“어쨌든 드러커와 그의 동료들의 ‘사람도 조직도 모두 테라피의 환자처럼 다루자.’라는 꿍꿍이는 성공하였지. 세상은 NGO와 NPO로 가득찼어. 테라피를 받으러 가는 사람이 테라피스트 앞에서 골똘히 생각하여 만들어진 ‘자기’를 진짜 ‘자기’라고 생각하는 것처럼 NGO와 NPO는 세금면제를 받기 위한 서류를 앞에 두고 혹은 재단으로부터 원조금을 받기 위한 서류를 앞에 두고 골똘히 생각한 ‘자신들의 생각’을 ‘있어야 할 그리고 그래야 할 자신들의 생각’이라고 믿어 버리지. 그 생각은 자비로 광장에 모인, 어떤 단체에도 보고할 의무가 없고 ‘자유롭게 생각하는 사람들의 생각’과는 달라. 그 회색의 감시를 받으면서 생각한 ‘자기들’을 ‘있어야 할 그리고 그래야 할 자기들’이라고 믿고 NGO와 NPO는 앞으로 나아가지.”

“그리고 그렇게 된 것은 우연이 아니야. 물론 ‘사람의 내면’과 ‘유전자와 뇌’ 때문도 아니야. 드러커는 1940년대부터 인본주의심리학을 자신의 것으로 소화해 왔어. 구체적으로는 로저스와 매슬로우의 책을 읽으면서 사회환경을 생각해 왔던 거야. 그들과 이야기를 나누면서 기업적인 사회, 테라피적인 사회를 설계해 온 거지. 그 덕분에 우리는 그 안에서 살고 있는 거고.”

퀼이 뭔가 생각난 듯 말합니다.

"음, 원인은 구체적 … 앞에서 말한 선풍기 이야기까지는 아니더라도 큰 구체적인 기계가 막대한 영향을 사람들에게 미치고 있는데 그 영향이 있는 디자인된 현실 속에서 '사람의 마음이라는 것은' 혹은 '사람 마음의 자연스러운 존재방식' 이라는 것을 진지하게 생각할 수 있을 리가 없어."

"그러면 본론으로 들어가서 ……."

키라라가 이야기를 계속합니다.

"드러커는 NPO라는 것은 '개인을 바꾸고, 그리고 사회를 바꾸기 위해 존재한다.' 라고 말하고 있어. 1990년의 《NPO를 운영하기》라는 책의 제1장에 나오는 내용이야. '개인을 바꾼다.' 는 것은 어쩐지 테라피 같아. 그 의미는 언뜻 보면 NPO 병원에 들어간 사람이 상처를 봉합받고 나오면 '내몸이 바뀌었다.' 고 느끼는 것과 같애. 즉 NPO는 NPO에 찾아오는 '손님' 을 바꾼다고 할 수 있어. 그런데 그렇지 않아."

"1992년의 〈사회환경학자의 사색〉이라는 논문을 읽어보면 드러커는 1946년부터 초지일관하고 있다고 볼 수 있어. 그리고 이것이 NGO와 NPO가 세상에 넘쳐나는 이유라고 나는 생각해."

"〈사회환경학자의 사색〉에서 드러커는 다음과 같이 쓰고 있어. 'NPO는 사람들에게 효과적인 시민권을 준다.' '현대사회에는 더 이상 시민권은 없다. 그런데 NPO의 자원봉사를 함으로써 사람들은 시민이 될 수 있다.' 라고"

"역시 회색이 만들어 내는 사회에서 해결이 안 되는 문제는 '적은 시민권 – 한정된 시민권' 이지. 회색이 만들어 내는 사회에서는 사회로부터 은혜를 입고 살 수 있는 사람 수가 너무나도 적어. 손에 꼽을 정도의, 즉 800여 명 정도의 사람들이 남태평양 섬 어딘가에 혹은 산 깊숙이 있는 작은 나라의 비밀 구좌에 1인당 평균 15조 원 이상의 자산을 축적해 두고 있지. 사람뿐만이 아니야. 회색이 살고 있는 '큰 돈의 혼' 은 지구의 4배 정도의 크기로 팽창해 있어."

"한편으로는 점점 '빈곤' 이 깊어지고 있지. '가난한 나라를 구합시다.' 라는 슬로건 아래 아이러니컬하게도 가난한 나라의 '가난한 사람들' 이 빈곤 안에 점점 갇히고 있는 거야."

"나는 드러커의 '현대사회에서는 더 이상 시민권은 없다.' 는 말이 꽤 옳다고 생각해. 왜냐하면 1인당 15조 원 이상을 갖고 있는 극소수의 사람들도 그렇게 자산을 많이 갖게 되면 '사회로부터 은혜를 입고 있다.' 는 느낌이 들지 않게 되어 버릴 거야. 오히려 '사회가 언제 공격해 올까 무서워서 어쩔 줄 모르겠다.' 는 느낌이 들지 않을까? 회색이 만들어 내는 사회에 '정말로 행복한 사람' 이 있는지 정말로 의문이야."

퀼이 키라라의 말을 받습니다.

"하지만 15조 원이나 자산을 갖고 있으면 … 역시 사회로부터 은혜를 입고 생활하고 있다는 의미에서 그들은 '시민권'

을 갖고 있는 셈이지. 단 그 시민권은 아파르트헤이트가 있는 남아프리카 사회에서 다이아몬드 부호들이 갖고 있는 시민권임에 틀림없어. 언제 혁명이 일어날지 몰라 불안에 떨며 총기로 무장한 호위무사를 몇 명이나 고용해서 사는 아파르트헤이트의 시민권인 거지. 그런 다이아몬드 부호들이야말로 걱정거리가 끊이지 않아서 테라피에 늘 몸을 담그고 있을지도 몰라."

우사기가 말합니다.

"시민권이 있거나 없거나 회색이 만들어 내는 세계에서는 누구도 행복할 수 없어! 제발 모두들 좀 자각해 줬으면 좋겠어!"

"회색이 만들어 내는 세상에서 부자들은 서로를 미워하지. 언제나 다른 사람의 욕을 하고, 뭐라고 해야 할까, 서로 증오하고 증오 받으면서 살아간다고 해야 할까. 한편 가난한 사람들은 돈이 없으면 먹을 것을 손에 넣을 수 없으니까 굶게 되지. 회색은 사람들이 비용을 들이지 않고 바다에 가서 물고기를 잡거나 산에 가서 과일을 따는 것을 허용하지 않아."

키라라가 말합니다.

"이제 시민권은 과거에 시민권을 갖고 있던 부자나라들의 사람들로부터도 박탈되고 삭감되고 있어. 드러커가 말하는 것처럼 '더 이상 시민권은 없다.' 그리고 회색이 사는 '큰 돈의 혼' 만이 이 별이 부서질 때까지 거대하게 팽창할 따름이야."

"만약 이대로 회색을 살려둔다면……."

그렇게 말하고 키라라는 크고 검은 눈동자를 반짝이며 우사기와 퀼을 쳐다봅니다.

'많은 조직으로 구성된 새로운 사회'라고 회색은 말한다

퀼이 말합니다.

"드러커의 'NPO는 개인을 바꾸기 위해서 존재한다.' 라는 말은 'NPO는 사람들에게 효과적인 시민권을 준다.' 라는 말과 함께 생각해 보면, 역시 그 말은 NPO에 찾아오는 손님을 바꾸는 것이 아니라 NPO에서 활동하고 있는 주인들을 바꾼다는 의미이지. 모임이 NPO화함에 따라 모임의 질도 바뀌게 돼. 혹은 NPO를 시작함으로써 '이런 사회가 되는 것이 과연 괜찮은 걸까?' 라고 마음에 적신호가 켜진 사람들조차도 부지불식간에 누군가로부터 감시당하는 상황 아래 놓여 버리게 되지."

"테라피 방에 앉아 있는 환자처럼 암묵적인, '윗사람도 아랫사람도 그런 관계를 인정하지 않는, 하지만 실은 부정할 수 없이 존재하는 상하관계' 에 빠져 들게 되는 거야."

"그것을 위해서 회색은 세금면제와 원조금이라는 먹이를 제공해서 NGO와 NPO가 세상에 넘치도록 하고 있어. 그리고 불만을 가진 위험분자들을 부드러운 방식으로 바꾸려고 하지. 하지만 'NPO에서 자원봉사로서 일하는 것만으로 시민이 될 수 있다.'고 하는 것은 실은 거짓말이야. 진실은 '시민권'은 주어지지 않는다는 거지. 단 '시민이 된 느낌'이 들 뿐이야."

"'시민권이 적다.'는 근본적인 문제를 해결하지 않고 느끼는 방식만을 바꾸는 거지. 게다가 NGO와 NPO에 참가시킴으로써 상대방의 힘을 이용해서 바로 그 상대방을 바꾸는 거지. 이 방식은 테라피적인 방식이야. 왜 이렇게 테라피적인가? 물론 심리학으로부터 힌트를 얻고 있으니까 그래. 그것에 대한 대답은 역시 그 1952년의 로저스의 논문에도 있어. 그 논문 하나가 모든 것을 설명해 주는 건 아니지만 이런 발상이 그 논문에서 나온 것은 확실해."

"드러커는 1992년의 《회색비즈니스리뷰》에 〈많은 조직에서 만들어진 새로운 사회〉라는 중요한 논문을 발표했어. 그 내용은 그 후에 《포스트 자본주의사회》라는 유명한 책으로 출판되었지. 그 책에서 그는 '제2차 세계대전 이후 경영학 혁명이 일어났는데 그것에 의해서 우리는 '조직'이라는 지금까지는 없었던 새로운 존재를 발견했다.'라고 말하고 있어. 그런데 그게 무엇일까?"

"먼저 '경영학 혁명' 이란 무엇인가? 드러커의 친구이고 기지제국의 네 명의 대통령의 어드바이저로 150개 큰 기업의 컨설턴트를 담당했던 베니스 교수의 논문을 읽어보면 그게 무엇인가 쉽게 알 수 있지. 1961년 경영학 혁명이 한창 일어나고 있는 와중에 《회색비즈니스리뷰》에 실린 거야."

"그 논문에서 2차 세계대전 무렵부터 일어난 '조직' 이라는 새로운 존재를 발명하는 것, 그 과정에서 회색수하들이 사람의 관계에 관해서 생각을 할 때 근본적인 전기를 마련해 준 네 사람을 베니스 교수가 들고 있지. 그들 모두 심리학자야. 그 네 사람의 이름을 열거하면 엘튼 메이요(Ellton Mayo), 쿨트 레빈(Kurt Lewin), 제이콥 모레노(Jacob Moreno), 그리고 칼 로저스(Carl Rogers)야."

"역시나!" "역시나!"

우사기와 키라라가 일부러 목소리를 맞추어서 말하고는 함께 웃습니다.

퀼이 계속 말합니다.

"이 네 명 중에 '호손실험' 으로 유명한 메이요는 회색비즈니스 스쿨 교수라서 누가 보더라도 경영학에 관계하고 있는 사람인 반면에 나머지 세 명은 '어딘지 모르게 재미있을 것 같은 심리학자' 이미지를 가진 사람으로 세상에 알려져 있었지."

"그리고 이 네 명이 수행한 연구에서 밝혀진 조직을 베니스 교수가 말하는 리더인 퍼실리테이터(facilitator)[9]가 이끌게 돼. 결국 테라피적인 조직인 거지. 이 조직 내에서 상사는 부하가 말하는 것을 공감하고 경청해. 그러면 상사와의 상하관계가 있다는 전제하에 부하는 자신의 힘으로 상사가 바라는 것을 찾아서 자신감 있게 당당하게 이루어내지."

"그런 조직은 '팀'이라고 불리기도 하는데, 표면적으로는 상하관계가 없는 느낌이 드는 그런 팀 말이야. 그런데 그 팀이라는 것이 이상하게도 무느러워. 하지만 잘 보면 상하관계가 있는 것은 똑같아. 상하관계가 있다는 것은 드러커가 '오래된'이라고 말한 상사가 부하를 큰소리로 꾸짖고 있던 무렵의 이야기와 아무것도 달라지지 않았다는 것을 의미해. 하지만 부하의 불만은 완화되게 되고, 따라서 기업이라는 기계가 잘 돌아가는 것처럼 보여."

"이 구조를 드러커와 그의 동료들과 회색수하들은 기업의 외부까지 확대하고 싶었던 모양이야. 그들이 두려워하는 혁명은 기업의 외부에서 오는 것임에 틀림없다고 생각했기 때문이지. 혁명은 이 세상에 의문을 가진, 불만을 가진 그리고 그 의문과 불만을 골똘히 생각하고 바라본 시간을 가진, 그런

---

9) Facilitator라는 것은 회의와 미팅, 주민참가 형태를 띤 마을 만들기 회의와 심포지엄, 워크숍에서 논의에 대해 중립적인 입장을 지키며 논의를 원활하게 조정하면서 합의형성과 상호이해에 터한 깊은 논의가 가능하도록 조정하는 역할을 하는 사람.

'패배자' 로부터 시작되기 마련이거든. 즉 '산업시민권' 이 주어지지 않은 사람들 중에서 '장난치나 …….' 같은 분노가 올라옴에 틀림없지. '그런 사람들을 억누르고 싶다.' '아니 억누르면 반항할지 모르기 때문에 구워삶고 싶다.' 라고 회색과 그의 수하들은 늘 생각하고 있는 거야. 그리고 회색의 수하들이라면 기본적으로 자각하는 것이 있어. 그것은 이 '테라피적인 조직' 은 원래 불만을 갖고 스트라이크를 일으키는 노동자들을 구워삶기 위해서 고안된 것이라는 거지. 기업이 낳는 불평등한 관계를 만들어내는 분쟁에서 불평등한 관계는 그대로 두고 분쟁만을 없애기 위해서 고안된 거야."

"그래서 그 방식 그대로 기업의 외부까지 확대되면 '시민권이 적은 사회' 가 만들어내는 불만과 분노를 잠재울 수 있는 거야. 그 때 중심이 되는 것은 조직이지. 조직되어 있기 때문에, 즉 상하관계가 만들어지고 어떤 목적이 주어져 있기 때문에 '공감, 경청' 의 테크닉이 유효하게 작동하는 거야."

"테라피도 어떤 목적, 예를 들면 좀 편해지고 싶다거나 셀프이스팀, 아니 그게 아니고 희망을 축소한다거나 어떤 단순한 목적이라도 상하관계가 있는 상태에서 이루어지지. 따라서 테라피스트와 환자의 관계는 조직의 최소한의 단위인 거야."

우사기가 고개를 끄덕거립니다.

"드러커와 그의 동료들, 회색의 수하들은 그러한 조직을 가능한 한 세상에 많이 만들고 싶은 거야. 위에서 부드럽게 감시하는, 따라서 위에 보고할 의무가 있는 그런 조직말이야. 그 조직 내부에서 멤버끼리 평등해도 그것은 전혀 문제가 되지 않아. 그것은 기업에서 평사원끼리 평등한 것과 똑같은 거야. 핵심은 누군가가 위에서 보고 있다는 것, 그리고 주어진 틀 안에서 수렴되는 목적을 갖고 그 목적을 향해서 열심히 달린다는 것뿐이지."

숨을 깊이 들이쉬고 킬이 말합니다.

"그리고 대기업과 큰 NGO와 NPO 사람들의 이야기를 들어보기로 할까. '퍼실리테이터' '엠파워먼트(empowerment)가 중요하다.' '셀프이스팀을 높이자.' '공감을 갖고…….' 이처럼 온통 테라피적인 말로 가득차 있지. 그것은 그들이 테라피스트에 정통한 이유도 있겠지만 그것보다도 이 '많은 조직으로 만들어진 새로운 사회'가 테라피적인 생각을 기초로 해서 설계되었기 때문이라고 생각해. 드러커가 말하는 '경영학 혁명'이 발견한 조직이라는 특수하고, 새로운 디자인된 현실에서는 윗사람이 아랫사람에게 부드럽게 귀를 기울이지. 그리고 그 조직은 상하관계를 갖고 오로지 하나의 목적만을 향해서 달려."

"이 내용을 보면 아무래도 테라피적인 것이 떠올라. 왜 떠오르는 것일까? 조직은 원래 테라피 기법을 힌트로 설계되어 있기 때문에 그렇지. 그리고 경영학 혁명이 조직속에서 사람과 사람의 관계를 설계할 때에 테라피 기법의 응용이 있었기 때문에 그렇지. 예를 들면 1961년 베니스 교수의 논문은 〈리더가 퍼실리테이터가 되는 인간관계 기법의 응용, 개선〉 에 관한 것이었어. 대기업과 큰 NGO와 NPO 사람들의 말이 테라피 용어로 가득 차는 것은 당연해."

"그리고 그러한 많은 조직으로 만들어진 '새로운 사회', 그 새로운 사회는 2010년부터 2020년까지 완성된다고 드러커는 말하고 있어. 테라피스트를 찾아 갈 필요도 없지. 사회 그 자체가 테라피 기법에 기초해서 운영되는 셈이니까. 음 … 뭔가 무서워."

테러리스트 조직의 활동 매뉴얼같아!

우사기가 말합니다.

"테라피적인 사회, 거기서 인간은 무지개빛 처럼 다양한 목적을 가져서는 안 될 것 같아. 단순하고 획일적인 단색의 목적만 가져야 하고, 오로지 그 목적을 쫓으면 되는 거야. 예를 들면 드러커의 1990년 책인 《NPO를 운영하기》 에는 이런 말이 쓰여 있어. 'NPO가 많은 목적을 가지려는 것은 잘못된 것입니다. 선의가 가득 들어 있는 샌드위치 같은 활동목적은 안 됩니다.' 하지만 사람이라면 선의를 가득 담으려고 하지. 나는 오히려 선의가 가득 든 샌드위치를 만들고 싶고 먹고 싶어. 그러나 회색은 그것을 허용하지 않아. 인간의 고유한 특성인 복잡함, 예측할 수 없는 것을 허용하지 않는 거야."

퀼이 맞장구를 쳐줍니다.

"맞아. 회색에게 유리한 '심플한 오로지 한 개(single-minded)의 목적'을 사회적인 책임을 갖고 추구하라고 드러커는 말하지. 그런데 그 사회적인 책임이라는 것이 반드시 '그 사람이 선하다고 생각하는 것'과 일치하는 것은 아니라고 그는 말하고 있어."

"예를 들면 어떤 지역에 어떤 조직이 있다고 하자. 드러커의 생각으로는 그 조직의 구성원은 지역에 살고, 지역의 말을 하고, 지역에서 보통으로 생활해도 돼. 그러나 지역의 목적에 따라서는 안 된다는 거야. '조직이 해야 하는 것과 지역이 선이라고 생각하는 것이 충돌할 경우, 조직은 무조건 이기지 않으면 안 되는 거지. 그렇지 않으면 그 조직은 사회에 공헌한 것이 아무것도 없게 된다.'고 드러커는 말해. 즉 사회에 공헌한다는 것은 오로지 진리교처럼 회색을 추종한다는 것을 의미해. 그래서 진리교 같은 조직 활동이 '지역이 선이라고 생각하는 것'과 충돌한 경우 조직은 이기지 않으면 안 되는 것이지. 이것을 읽고 테러리스트 조직 활동의 매뉴얼 같은 것이라고 생각하는 것은 나쁜일까? 하지만 이 내용은 1992년의 《회색비즈니스리뷰》에 실렸어. 그것은 MBA자격이 필요한 사람들이 가는 회색비즈니스 스쿨의 핵심 출판물이야"

"그러한 조직으로 구성된 사회를 회색의 수하들이 만들려고 노력하지. 그리고 드러커는 그런 조직은 '언제나 지역을 뒤엎어서 질서를 흩트리고 불안정하게 하지 않으면 안 된다.'고 말해. 이런 걸 보면 뭔가 만화에 나오는 '악의 결사대 이지와루단' 같은 것을 떠올리게 돼."

키라라가 말합니다.

"그런데 현실적으로 달의 배꼽의 나라 같은 나라에 가보면 그러한 기업과 NGO와 NPO 사람들이 많이 있어. 그들은 '우리는 생태적인 환경 만들기에 협력하고 있습니다.' 라고 말하고 있는데 잘 보면 선주민들을 살고 있는 땅에서 쫓아내고 있어. 선주민 가운데서도 누가 보더라도 관광객이 기뻐하는 생활을 하고 있는 선주민은 기업에 유리하기 때문에 쫓겨나지 않아. 그러나 관광객의 눈에 그냥 단순하고 가난한 사람으로 보이는, 값싼 스포츠웨어를 입은 가난한 나라의 보통의 생활을 하고 있는 그런 선주민들을 토지로부터 쫓아내지. '그 선주민들은 범죄와 마약 문제가 있습니다.' 라고 말하고, 선주민들이 분노해도 '우리는 이 지역 일을 생각하고 있습니다.' 같은 말만 되풀이해. 그들의 행태를 보면 '조직은 절대로 이기지 않으면 안 된다.' '확신을 갖고 지역을 뒤엎어 버리자.' 같은 느낌이 들어. 드러커의 문장은 웃을 수 있지만 현실에서 일어나는 일은 웃을 수 없어."

불평등을 유지하기 위한 패턴을 생각하기/ 테라피적인 패턴 고안하기

우사기가 말합니다.

"하지만 우리가 그런 말을 하면 '기지제국과 드러커의 일은 모르겠지만 우리나라의 NPO와 NGO는 어떻게 되는 거야.' 라는 식으로 분노하는 사람들이 나오게 마련이지. 하지만 역시 그 사람들도 'NGO와 NPO' 라고 기지제국어로 말하고 있는 것에는 다름이 없잖아. 다름 아닌 기지제국어로. 게다가 그들은 티셔츠를 입고 청바지를 입고 스니커즈를 신고 코카콜라 같은 상표가 붙은 녹차패트병을 손에 들고 있어. 그런데도 그들은 지금의 기업적인 세계가 어떻게 성립하고 있는지 왜 자각하지 못하는 것일까? 왜 《회색비즈니스리뷰》는 외국의 일이라고 생각해 버리는 것일까?"

퀼이 말합니다.

"이 남미대륙에서는 NGO를 ONG라고 말해. 그리고 셀프이스팀은 여기서 '아웃이스팀' 이라고 말하지. NGO라든지 셀프이스팀 같은 말이 흘러 내려온 강의 상류를 살펴 보니까 역시 기지제국의 지도자들이 웃고 있어."

키라라가 말합니다.

"우리는 단지 그 강의 상류에 있는 것만을 생각하는 것뿐인데, 사람들로부터 '당신들은 반기지제국이군요.' 라는 말을 들어. 실은 전혀 그렇지 않거든. 전혀 그렇지 않아. 만약 세계의 반 이상의 군사비와 8천 발의 핵미사일이 통가국의 것이라면 통가국을 생각하겠지. 반(反) '별을 부수는 것', 반 '평등을 허락하지 않는 것', 반 '핵무기', 반 '살육' 그런 것을 생각할 때 아무래도 기지제국의 지도자들을 먼저 생각할 수밖에 없는 것뿐이야. 그렇다고 해서 반 기지제국인 것도 아니고, 반 통가국도 아니지. 왜 우리는 뭐든지 나라라는 단위로밖에 생각하지 못하도록 길들여져 왔을까? 계속되고 있는 매일의 전쟁은 사람들과 회색의 전쟁인데……."

퀼이 말합니다.

"제2차 세계대전 후의 세계가 어떻게 시작되었는지를 생각해 보자. 전후 세계의 설계자 가운데 한 사람인 조지 캐넌(George Kennan)이 1948년에 쓴 정책 계획 문서에는 '기지제국 인구는 세계의 6,3%에 지나지 않지만 돈은 세계의 50%를 가지고 있다, 우리는 이 불평등한 상태를 유지하고 싶다, 우리는 이 불평등함을 유지하기 위한 패턴을 생각해 내지 않으면 안 된다.'고 나와 있어. 이 문장 – 탑 시크릿의 기밀문서가 공개된 것이다 – 은 현실과 깊은 관계가 있어."

"캐넌이 말하는 '불평등한 상태를 유지하기 위한 패턴', 거기에 딱 들어맞는 것이 테라피의 기법이지. 기계를 멈추지 않고 기계가 만드는 아픔만을 완화시키는 테크닉, 그 테크닉에 근거한 테라피적인 사회."

우사기가 말합니다.

"음 … 패턴이라는 것은 미묘하게 잘 맞아떨어지고 있어. 테라피스트와 환자의 관계를 최소한의 패턴으로 하는 작전. 그 패턴을 반복해서 점점 크게 해 나가다 보면 여러 조직들로 구성된 새로운 사회가 탄생하는 거지."

키라라가 말합니다.

"제2차 세계대전 후의 세계를 설계했던 캐넌과 그의 동료들이 '앞으로의 시대에 필요' 하다고 생각한 '불평등을 유지하기 위한 패턴', 거기에 딱 맞는 역할을 완수하는 테라피의 테크닉. 물론 불평등을 유지하려면 힘으로 위협하는 것, 즉 압도적인 군사력을 빠뜨릴 수 없어. 그것은 온 세상에 기지제국의 기지가 있는 것만으로도 충분히 알 수 있어."

"하지만 힘으로 위협하는 것만으로는 부족해. 한층 더 불평등을 유지하기 위한 패턴을 철저히 하고, 철저하게 사람들을 얌전하게 따르게 하고, 사람들의 희망을 작게 해서 혁명이 일어나지 않도록 하고 싶은 거지."

"회색이 추구하는 목표를 완성시켜 주는 데 더할 나위 없는 테라피의 기술은 캐넌이 사용하고 있는 디바이스(device)라는 말과 비슷한 느낌이야. 회색은 아파르트헤이트같은 불평등한 시스템을 유지하기 위한 테라피적인 장치를 늘 생각해 내고 있어."

"음 … 역시 회색은 얼간이가 아니야"

모두가 함께 생각하기

키라라가 계속 말합니다.

"그리고 나는 역시 열을 받을 수밖에 없어. 문제는 언제나 현실 속에 있는 구체적인 것이야. 캐넌, 슐츠, 드러커, 그리고 베니스 교수같은 구체적인 사람들이 구체적인 장소에서 구체적인 어드바이저가 되어서 구체적으로 '그러면 사회를 이렇게 만듭시다.' '그렇게 합시다.' 라고 계획을 세우지. 우리 주위에서 일어나는 일은 사람 안에 있는 마음의 심연과 유전자와 뇌 때문이 아니야. 그런데도 많은 사람들이 '사람이라는 존재는 말이지 …….' 와 같은 일반론으로 혹은 추상적으로 사회를 생각하도록 길들여져 있지. 진짜 사회를 생각하고 싶으면 현실을 보자니까! 사람의 마음 같은 전혀 알 수 없는 것을 들여다보거나, '그것이 현대인의 습성이다.' 와 같은 막연한 것을 막연하게 공상하는 일을 그만둬야 한다고!"

"그렇게 공상하고 있는 동안에 사람들은 거대한 '생태환경 만들기' 라는 명목 하에 그리고 지역개발을 한다는 명목 하에 수천 년이나 살아온 땅에서 쫓겨나고 있어. 현지 사람들에게 도움도 되지 않는 댐이 건설회사와 은행이 돈을 벌기 위해 세워지고, 사람들이 불도저 때문에 자신들의 삶의 터전으로부터 쫓겨나고 있어. 이른바 '빈곤퇴치' 라는 명목 하에 그럼에도 불구하고 빈곤이 계속 만들어지고 있어. 그 세계에 의문을 갖고 아픔을 느끼는 사람들은 본인의 의지와는 달리 테라피를 받으러 가게 되고, 아픔을 느끼지 않는 사람은 쇼핑을 하러 가지. 아픔을 느끼고 '회색을 타도하자' 라고 일어서면 달의 배꼽의 나라 선생님들처럼 체포되어 형무소에서 계속 고문을 받게 되는 거야."

키라라는 조금 생각하고 나서 다시 말합니다.

"사회를 논하는 영리한 사람들이 어려워 보이는 제목으로 어려워 보이는 문장을 쓰지. 그게 어렵다는 것은 우리도 잘 알고 있으니까 안 보여줘도 돼. 만약 그렇게 어려운 말을 잘 알고 있으면 우리들 같은 사람들도 알 수 있는 문장을 써 달란 말이야. 그런데 그 영리한 사람들은 우리가 요청하는 일을 안 해주지. 왜 그럴까? 그 사람들은 실은 이 세상이 어떻게 되든 상관없다고 생각하고 있는 거야."

"의미가 있는 것은 간단한 말로 해도 의미가 있고 재미있어. 사회에 대해서 진심으로 걱정하고 있다면 어려운 말을 쓰기 전에 '잠깐, 정말 이 어려운 말을 사용하지 않으면 설명할 수 없는 거야?' 라고 생각을 해보면 돼. 다른 표현은 없는지 찾아보면 되는 거야. '아비튀스(Habitus)' 라거나 '관계성' 이라거나 '마르크스주의 사관' 이라거나 '변증법적' 이라거나 진짜 무슨 말을 하고 싶은지 핵심을 알 수 없어. 적어도 나에게는 무엇을 말하는지 전혀 모르겠어. 가끔 어려운 전문용어로 가득한 문장을 '음 … 이 사람은 무엇을 말하고 있는 거야?' 라고 생각하면서 읽고 나중에 그 의미를 알게 되면 사실 전혀 대단한 것을 말하는 게 아니라는 것을 알게 되거든. 그런 문장이야말로 사회라는 기계가 만들어내는 고통만 완화시키면서 기계를 계속 돌리는 것과 똑같아."

퀼이 말합니다.

"그런데 네가 지금 말하는 것을 나도 말하지만 어려운 전문용어 쓰기를 좋아하는 사람들은 이렇게 이야기 하곤 해. '동료끼리 이야기를 할 때 전문용어 몇 마디만 해도 서로 알아들을 수 있으니까 편리합니다.' 라고. 그리고 그런 사람들을 보고 있으면 결국 동료끼리만 이야기를 하고 있어! 지하철에서 옆에 앉은 사람에게 '정말 심한 세계죠.' 처럼 쉽게 사용할 수 있는 어휘꾸러미를 갖고 있지 못하다 보니까 '어려운 이야기는 그만두자.' 라고 생각을 하게 되고 그래서 결국 사람들은 스포츠 이야기만을 나누고 마는거야.

게다가 '전문용어를 사용하면 서로 빨리 이해할 수 있어서 좋습니다.' 라는 말을 사람들이 많이 하는데 실은 생각 같은 것은 빨리 전해지지 않아도 되거든. '빨리, 빨리' 는 회색의 방식이야. 천천히라도 좋으니까 진심으로 진정성을 담아서 이야기를 하는 게 어떨까 생각해."

우사기가 말합니다.

"대체로 보통사람을 앞에 두고 '이 사람은 어려운 이야기는 잘 모를 테니까 스포츠 이야기나 하자.' 라고 생각하는 것은 그 사람을 깔보는 행위야. 사람은 그냥 다 똑같아. 의미가 있는 것을 말하면 누구든 알 수 있어. '문장을 읽거나 쓰는 것이 귀찮긴 하지만' 이야기를 제대로 하면 모두 똑같은 것을 느끼고 똑같은 것을 생각할 수 있어."

"그리고 사회라는 것은 우리가 만든 것, 즉 우리로 이루어진 곳이야. 그런데도 왜 사회에 관해서 말할 때 동료끼리만 이해할 수 있는 말을 사용하는 거야? 그런 말을 사용하면 말하는 상대방이 한정되어 버리잖아. 말하는 상대방이 한정되어 버리면 생각의 폭도 한정되어 버리고 말아. 그리고 결국은 현실과 동떨어지게 되어 버리지. 현실을 보지 않게 되어 버리는 거야. 회색이 생각하는 각본대로 되어 버리는 거지."

"그래서 우리는 지금 무엇에 분노하고 있는거야?"라고 키라라가 묻습니다.

"모르겠어"라고 우사기는 대답합니다.

퀼이 새로운 화제를 꺼내 놓습니다.

"저기 말이야. '도둑고양이' 라는 여자 기억나?"

우사기가 대답합니다.

"평화시 대학의 법률 교수이고 시인, 그리고 신문의 발행인."

퀼이 계속해서 말합니다.

"그 사람의 남동생은 이 마을의 광장에서 매일 지금의 세상에 관해 사람들과 대화를 나누고 질문을 하고 있어. 이 마을에서 흔히 볼 수 있는 머리에 보자기를 둘러쓴 아주머니들과

억세 손을 가진 농민들, 아이들에게까지.”

“요전에 ‘도둑고양이’와 점심을 먹으러 갔는데 웨이터가 우리 테이블에 와서는 ‘저기! 교육이라는 것은 어떤 거죠?’라고 ‘도둑고양이’에게 물었어. ‘도둑고양이’가 ‘무슨 이야기를 하고 싶은 거죠?’라고 물으니까 그 웨이터는 ‘광장에서 당신 남동생으로부터 들었는데 잊어 버렸어요. 그때는 확실히 알았다는 느낌을 받았는데.’라고 말하는 거야. 그리고 두 사람은 완전히 의기투합해서 선주민교육과 학교와 관계없는 교육에 관해서 이야기를 나누었어.”

“‘도둑고양이’의 남동생 같은 사람은 부자나라에서는 이상한 사람 취급을 받지. 하지만 세상의 일을 생각하는 사람이 세상에 관해서 저잣거리라는 세상의 한 가운데서 이야기 하는 것이 이상한 것일까? ‘도둑고양이’의 남동생 같은 사람은 부자나라에서 꼴불견이라는 말을 듣곤 해. 하지만 어느 쪽이 꼴불견일까? 어려운 책을 많이 읽고 자주 생각하는데도 저잣거리에서 만난 아주머니에게 세상의 일을 전할 수 있는 어휘를 갖지 못한 사람과 저잣거리에서 모두에게 말을 걸 수 있는 사람 중에 어느 쪽이 꼴불견일까?

“부자나라 사람들은 ‘도둑고양이’의 ‘남동생 같은 사람은 멋있기는 하지만 그것은 좀 …….’이라고 생각하는 것 같아. 왜 그것이 안 된다고 느끼는 것일까? 스스로도 잘 모르면서 단지 그냥 그것은 좀 … 이라고 자신의 행동에 스스로 규제를 하고 있는 거지.”

우사기가 말합니다.

“그건 광고업계의 대부인 에드워드 버네이즈가 말한 것처럼 ‘민주주의 사회에서는 사람들이 자각하지 못하도록 사람들의 마음을 조종하는 것이 지배의 구조’인 거니까.”

세 명은 잠자코 생각하고 있습니다.

확신

평화시의 마을은 날이 새기 전의 마법과 같은 시간 속에서 흔들리고 있습니다. 조용한 파도 위에 떠있는 배와 같습니다. 많은 새들이 조용히 하늘을 건너기 시작합니다. 눈을 뜬 작은 새들은 재잘거리기 시작합니다.

우사기가 크게 기지개를 켜면서 말합니다.

“응, 뭐 그렇지만, 사람들은 이겨! 맞지?”

“그럼 이기지.”라고 키라라가 화답합니다.

“아무렴 이기지!”라고 퀼도 화답합니다.

그러나 기대를 작게 하도록, 단념한 기분으로 살도록 그리고 큰 희망을 버리도록 길들여져 온 부자나라 사람들은 우사기와 친구들의 이런 확신이 어디에서 오는지 상상도 할 수 없는 것 같습니다.

그들은 모두 '아무리 생각해봐도 회색은 거대해! 넘어뜨릴 수 없어!' 라는 생각을 뼈속 깊숙이 주입 받은 것 같았습니다.

정말로 회색은, 그렇게 거대한 것일까요?

부 록

엄마의 고독

심리학은 아이들 편인가?

엄마의 고독*

오자와 마키코(小沢牧子) 저

박동섭 역

새의 새끼 키우기

정원 한 가운데 큰 목련나무가 잎을 펼치고 있다. 30년 전쯤에 초등학생이었던 아들들이 근처 숲에서 묘목을 뽑아 와서, 당시 아직 한산했던 뜰에 심었던 나무다. 그것이 어느 샌가 이층에 닿는 높이로 자라나서 이른 봄에는 옅은 선홍색을 띤 흰 꽃을 피우고, 여름에는 그늘을 만들어 준다.

그 나무의 가지 끝에 올해 물까치 암수가 새끼를 키우기 시작하였다. 이 집에 산지 30년 이래 처음 있는 일이다.

집에서 정원으로 통하는(나가는) 유리문으로부터 불과 몇 걸음 밖에 되지 않는 곳에서 게다가 뜰과 이어진 이웃집에서는

---

* 이 에세이는 《심리학은 아이들 편인가?》의 저자인 오자와 마키코 선생의 남편 오자와 토시오(小沢俊夫) 선생이 연구소장으로 있는 '오자와 옛날 이야기 연구소'가 출간하고 있는 계간지 《아이와 옛날 이야기: Children and Folktales》 45화(2010년 가을)에 실린 내용을 완역한 것으로, 저자인 오자와 마키코 선생의 '아이 키우기'를 보는 시각의 남다름을 느껴볼 수 있지 않을까 싶다. 그녀의 시각에는 반드시 사회가 자리 잡고 있고, 관계의 중요성을 엿볼 수 있다.

매일 아이들이 무리를 지어서 놀고 있는데…….

요즘 세상에 새도 어지간히 주택난을 겪는 것일까? 아니면 까마귀가 늘어난 근처의 숲보다 사람 사는 곳이 안전하다고 생각한 걸까? 라고 가족과 이웃 사람들과 어디까지나 인간의 관점에 터해서 멋대로 이야기를 나누면서 사람 눈을 피해서 잘 지은 가지 끝의 둥지를 올려다본다.

암수 두 마리가 교대로 알을 품은 지 수주일이 지나고 3마리의 새끼가 태어났다. 둥지에서 새끼들이 벌리는 빨간 주둥이가 눈에 띈다.

부모새는 교대로 바쁘게 먹이를 물어 나른다. 알을 품을 때에는 주의 깊게 둥지를 왔다 갔다 했었는데 그런 모양새는 이제는 보기 힘들게 되어 버렸다. 사람 눈을 의식하지 않는 새끼 키우기의 바쁨은 인간과 별반 다르지 않은 풍경이다.

사람의 경우라면 흐트러진 머리를 만질 새도 없이 아기에게 젖을 먹이는 형국일 것이다. 그 모습을 넋을 잃고 보다 보니 해야 할 일을 잊어버리기 일쑤여서 이것저것 일이 쌓인다.

나를 더욱 놀라게 한 것은 새끼 탄생과 동시에 많은 동료새들이 모여 든 사실이다.

가족의 모임인가? 이웃 새들과의 교류인가? 아니면 그냥 덩달아 떠들어 대는 새들이 주위에 나타난 것일까? 새의 말을 모르는 나로서는 알 방법이 없지만 때로는 대여섯마리가 주위의 나무와 울타리에 앉아서 물까치 특유의 쉰 울음소리를 주고받고 있다.

어느 때는 그 소리가 지나치게 크다고 생각되 내다 보니까 도둑고양이가 뜰을 지나가고 있다.

대범하고 침착하게 정원을 가로지르는 고양이를 겨냥하여 거의 스칠 정도로 저공비행을 해서 교대로 고속의 공격을 가해서 쫓아 보낸다. 역시 집단으로 새끼를 보호하고 있는 것이다.

한층 더 높은 TV안테나에 앉아서 주위를 곁눈으로 노려보고 있는 새도 있다.

"둥지를 떠날 때에는 그때야 말로 모두 굉장히 떠들썩 해요."라고 새를 잘 아는 친구가 새들을 보러 와서 말한다. 적어도 물까치에게 있어서 새끼 키우기 즉 종을 보존하는 일은 진지하고 게다가 떠들썩하게 동료들이 참가하는 큰 일인 것 같다.

버려지는 엄마와 아이

그러던 어느날 사람이 사는 세상에서 두 명의 어린 남자아이가 젊은 엄마로부터 버려진 채 방에서 죽었다는 사건이 보도되었다.

가슴이 미어지는 심정으로 아이들의 고통을 생각해 본다. "새들도 저렇게 소중하게 새끼를 키우는데."라고 물까치의 새끼 키우기를 보러 온 지인이 말한다.

허나 '잠깐만' 이라고 나는 생각한다. 지금의 인간 세상을 생각해 보자. '새들도 함께 무리로 키우는데 사람은 혼자가 아닌가.' 라고.

젊은 엄마는 23세, 아직 소녀에 가까운 연령이다. 죽은 첫째 아이는 3살이니까 겨우 20살에 엄마가 되었던 것이다.

모르긴 해도 아마도 고독한 아이 키우기 였을 것이다. 도움의 손을 요청할 사람도 없고, 곤혹 속에서 주위 사람과 상담하는 방법도 모른 채로 엄마 자신이 먼저 버려졌던 것이다.

그 힘겨움과 고통을 우리가 진심으로 고민하지 않으면 이러한 사태는 틀림없이 반복해서 일어날 것이다. "엄마가 되면 혼자서 아이를 키울 수 있다."고 그런 말을 아무렇지 않게 내뱉는다면 그것은 아이 죽이기에 가담하는 것에 진배없다.

인류도 동서고금을 막론하고 닫힌 공간에서 홀로 아이 키우기를 하지 않았다고 한다. 그렇게 홀로 키우기를 하는 것은 너무나도 부자연스럽고 불가능했기 때문에 함께 하는 아이 키우기는 아마 살아 있는 지혜로 인류에게 자리매김 하였을 것이다. 일본도 불과 60여 년 전까지는 쭉 그렇게 해 왔다.

나의 어머니는 나를 포함해서 4명의 아이를 낳았는데, 남동생들은 자택출산으로 같은 마을에 사는 얼굴을 잘 아는 산파가 받았다.

아버지와 아이들은 다른 방에서 숨을 죽이고 아기 탄생을 기다리고 아기가 태어나면 가족이랑 그리고 기거하는 사람들

모두 갓난아기를 목욕시키는 목욕통 주위를 둘러싼다.

어머니도 산후 신체가 회복되면 가사를 돌보고 일하는 모습으로 돌아갔다.

그것은 새의 새끼 키우기와 어딘가 닮았다.[1)]

칭찬을 받고 그 덕분에(?) 죽어가는 엄마

'엄마는 강하다' '보성의 힘' '아이 키우기는 엄마의 천직' 등 엄마 혼자에게 책임을 떠맡기는 일방적인 틀에 박힌 말이 세상에 확산되어서 아이를 가진 여성을 막다른 지경에까지 몰아넣게 된 것은 근대화와 함께 공동의 삶이 파괴된 1950년대 후반 이후의 일이다.

남녀역할분업의 핵가족 체제 속에서 남자는 가사와 육아로부터 해방되고 여자는 그 일들을 완전히 떠맡게 된 형국이 되었다.

내가 병원에서 출산을 한 것은 1960년대 후반의 일이었는데 출산과 동시에 사회로부터 분리된 고독함과 아이 돌보기를 혼자서 떠맡아야 하는 중압감이 엄습해 온 것을 지금도 잊을 수가 없다.

---

1) A wise person once said that it takes a whole village to raise a child 옛날에 어느 현자는 아이 한 명을 키우기 위해서는 마을 전체가 나서야 한다고 했다.

가족과 친척이 육아에 무관심한 것도 결코 아니었다. 아이 키우기는 재미있었다.

단 세상을 지배하게 된 '엄마는 집에서 아이 키우기 책임을' 이라는 압력이 나를 짓눌렀다.

출산한 다음 날 병원의 창문 바깥에서 울리는 출근하는 많은 구두소리, 특히 하이힐의 의욕에 찬 소리가 사회로 향하는 발소리로 내게 들려와서 그 울림은 나 자신이 사회로부터 버려져서 홀로 남겨지는 듯 한 불안으로 다가왔다. 그때의 그 느낌은 지금도 마음속에 남아 있다.

일하는 엄마, 아버지의 육아휴가 운운하는 문제만으로 해결되지 않는다. 사람은 사회적인 존재이기 때문에 부모와 아이만으로 이루어진 고립된 생활자체가 자연을 거슬리는 도리에 맞지 않는 일이다.

1970년대에 들어와서 얼마 되지 않아 그것에 관해 의심을 공유하는 책을 만나게 되었다.

현대의 구도를 보통의 남녀가 날카롭게 물은《현대 아이 키우기 재고》제5권(現代書館)에서 제1권은 1975년에 출판되었다. 그 1장은 다음과 같은 기술로 시작된다.

"내가 지금까지 아이를 죽이지 않은 것은 오로지 우연에 지나지 않는다 (후카미후미, 深見史)."

후카미는 아무도 '아이를 죽인 엄마를 비난할 수 없다.' 자신은 운이 좋았을 따름이다. 그 대신에 '나는 병을 얻었다.'

라고 말한다.

극단적인 표현이라고 반발을 할 수도 있을 것이다. 그러나 모자의 고독감을 어느 정도 체험한 사람이라면 그 느낌을 이해할 수 있지 않을까?

산후우울증이라고 이름이 붙은 거의 10명 중에 1명이 걸린다고 하는 요즘 엄마의 병증은 아이 돌보기의 부담감에 더해져서 사회적 고독감이 그 근저에 있다고 나는 생각한다.

그 병은 약과 카운슬링으로 낫게 할 수도 없고 낫게 해서도 안 되는 사회적인 문제, 명백한 여성문제이다.

아이와 연결되는 새로운 인연을

'아이 키우기는 어렵다.'라는 말은 오래전부터 있어왔다. 그러나 그럴 리가 없다. 만약 그렇게 어려운 일이라면 인류는 훨씬 오래전에 사멸하였을 것이기 때문이다.

아이 키우기가 어려운 것이 아니라 아이 키우기를 어렵게 만든 사회가 있음에 지나지 않는다.

각각의 문화는 아이 키우기를 원활히 하기 위해 지혜를 배양해 왔다. 과거의 일본 사회에서는 어떤 궁리가 있었을까 잘 알려져 있는 것은 '수양부모'라고 불리는 풍습이다.

아이 키우기 그때 그때 친부모와는 별도의 어른 이른바 보조부모와의 관계를 맺고 함께 아이를 돌보는 그 어른을 수양부모라고 불렀다.

아이에게 이름을 지어준 부모 등 현재에도 이름만은 몇 가지 남아 있는데 그 밖에도 출산을 돕는 '아기받는 부모' '처음으로 젖을 먹이는 유모', 집의 사정으로 아이를 맡는 '남의 아이를 맡아 기르는 부모', 사춘기의 시작에 남자아이에게 훈도시를 선물하는 '훈도시 부모', 여자아이에게 속치마를 선물하는 '속치마 부모', 일을 시작할 때의 '직업부모' 등이 있었다.

마을 단위로 아이를 돌보는 눈이 중층적으로 있었다는 말이다.

많은 눈이 있다는 것이 성가시다 라고 한다면 그럴 수도 있을 것이다. 그러나 '아이가 무사히 자라기 위해서는 부모 이외의 많은 사람의 도움이 필요하다고 과거에는 사람들에게 공통된 인식으로 자리 잡았을 것.' 이라고 민속학자인 오오토오유키(大藤ゆき)는 말한다(아이의 민속학).

수양부모와 수양자식의 관계는 평생 지속되는 경우도 있어서 수양부모가 죽었을 때에는 수양자식은 장례식에 반드시 '자식' 으로서 참가하였다고 이 책은 말한다.

수양부모의 경우도 늙었을 때 지금 말로 하면 고독한 죽음으로부터 보호받았을 것이다.

보호하고 보호받는 관계를 둘러싸고 서로가 서로의 의지가 되는 정겹고 사려 깊은 장치이다.

혈연은 아니나 혈족과 같은 관계를 맺는 부모 이외의 어른

이 필요하다고 하는 과거의 시점은 현대의 일본에야 말로 필요한 것은 아닐까?

서구의 크리스트교 사회에도 대부 · 대모라는 장치가 있었다.

여기서부터는 '꿈같은 덧없는 이야기' 라고 여러분들에게 말을 듣는 것은 충분히 예상할 수 있는데 지금 우리 사회에서부터 이이에게 수양부모를 준비하는 시도를 실천해 보는 것은 어떨까?

연령성별을 묻지 않는 헬퍼 helper. 일본에서는 자기 아이를 갖지 않는 젊은 사람들이 늘어나고 있는데 그 중에는 보조부모, 수양부모가 되어서 아이와 인연을 맺고 싶은 사람도 있을 것이다. 장수세계에 아이 키우기를 끝낸 중장년세대의 도움도 기대할 수 있다.

사람 엄마의 고독과 아이의 수난 시대에 이 곤란을 타개하는 실마리가 어디에 있는지를 골똘히 생각하면서 물까치의 현명한 새끼 키우기를 옆에서 지켜보는 나날이다.

심리학은 아이들 편인가?*

오자와 마키코(小沢牧子) 저

박동섭 역

심리학에 딴지 걸기

제가 심리학 연구와 실천에 의문을 갖고 이 학문을 새롭게 봐야 한다고 생각한 지 어느 새 삼십 년이 되어갑니다. 한국에서도 그렇지 않을까 싶습니다만, 일본에서는 일반적으로 심리학이 우리가 살아가는데 도움이 되는 '선의'의 학문이라고 생각합니다. 하지만 예전부터 이 학문을 미심쩍게 보는 사람들도 있었습니다.

저는 심리 테스트와 카운슬링에 내포된 문제점에 관해 오랫동안 생각해 왔습니다. 지난번 칠레에서 탄광 낙반 사고가 일어났을 때, 극적으로 생환한 어느 광부가 이런 말을 했습니

---

* 저자는 임상심리를 전공했고, 일본사회임상심리학회 운영위원으로 활동하고 있습니다. 이 글은 2010년 1월 서현사에서 출간한 《심리학은 아이들 편인가?》를 바탕으로 2010년 11월 춘천교대와 명지대에서 있었던 특강을 정리한 것입니다.

다. “더 이상 심리학자와 얘기 나누고 싶지 않아요. 어떤 기분입니까, 라는 말을 더는 듣고 싶지 않습니다.” 전문가들이 심리학이야말로 문제가 있어 보이는 사람에게 선의를 제공하는 도구로 쓰일 수 있다고 생각하는 반면, 당사자들은 그 선의를 선의로 받아들이지 않는 경우가 종종 있는 것입니다.

저도 한때는 심리학의 열성적인 연구자였습니다. 대학에서 심리학을 전공했고, 졸업 후 몇 년간 국립정신보건연구소에서 심리 테스트와 카운슬링을 공부하기도 했습니다. 제가 집중해서 연구한 분야는 지능검사나 성격검사 중에서도 대표적인 로르샤하 테스트(Rorschach test)입니다. 당시에는 검사받는 이들의 불안하고 불쾌한 입장을 생각지 못하고, 검사를 실시하는 측의 입장에서 별 생각 없이 연구를 즐기고 있었습니다. 그러한 전문가 본위의 연구를 일본에서는 ‘문어통발 속의 연구’라고 말합니다. 그것은 사회 상황과 자신의 일이 어떤 관계를 맺고 있는가에 대해 눈 감은 채, 좁은 연구실과 책상 위에서 전문가 흥미 본위의 닫힌 연구를 하는 것을 뜻합니다. 젊었을 적의 저는 확실히 ‘문어통발 속의 연구자’였다고 생각합니다.

그런데 교육상담 현장에 나와서 아이들을 만나고부터는 심리학이 정말로 아이들 편인가라는 의문이 내 안에서 고개를 쳐들기 시작했습니다. 오늘 여기서는 제가 전공한 임상심리학 중에서도 지능검사와 카운슬링에 대해 거론하고, 그 중에서도 카운슬링의 문제점에 대해 상세하게 이야기 하겠습니다.

아이들을 나누기 위한 지능검사

1960년대 후반부터 일본 내에는 심리학과 관계된 일들이 점점 늘어났습니다. 일의 수요가 특히 증가한 곳은 공교육 상담기관이었고, 저는 곧 기관에 일자리를 얻을 수 있었습니다. 그런데 왜 교육상담실이 갑자기 늘어났을까요?

나중에 알게 된 사실입니다만, 그 당시 아이들이 해야 할 공부 내용이 갑자기 어려워져서, 학교에서는 그 내용을 따라갈 수 없는 아이들을 보통 학급에서 선별하여 다른 학급으로 이동시키는 상황이 빈번히 일어나고 있었습니다. 당시 일본 정부는 급속한 고도 경제성장 정책을 내놓기 시작했고, 그에 발맞추어 학교 공부의 난이도가 갑자기 높아졌던 것입니다. 말하자면 학교가 엘리트 양성기관이 되었던 것이죠.

1966년 시작된 학습지도요령의 개정으로, 수학교육 중 함수학습이 중학교 1학년(12~13세)에서 초등학교 3학년(7~8세)으로, 확률학습은 고등학교 1학년(15~16세)에서 초등학교 6학년(11~12세)으로 내려오게 되었습니다. 한자공부도 사정은 같아서 초등 6년 과정 동안 외워야 할 한자 개수는 115자나 증가했습니다. 그때부터 학교 바깥에 학원이 생겨나기 시작해서 지금까지도 많은 아이들이 학원에 가느라 노는 시간을 빼앗기고 있는 것입니다.

동시에 빠른 공부진도를 따라가지 못하는 아이들을 수용하기 위해 특수학급이 점점 늘어났습니다. 예를 들어 도쿄에는 1960년 25개 정도이던 교육상담기관이 1972년에는 그 수가 두 배로 늘어 50개가 되었습니다. 이것은 지금껏 별 문제 없이 함께 지냈던 아이들을 따로 나누어 교육하는 분리교육 정책과 관련 있습니다. 말하자면 손이 많이 가는 아이들을 교실에서 내쫓는 것입니다.

이때 심리상담사가 하는 일이 아이들을 선별하기 위해 지능검사를 실시하고 낮은 점수를 얻은 아이를 특수학급에 보내도록 부모를 설득하는 일입니다. 우리에게 그 선별을 순조롭게 완수하는 일이 맡겨진 것입니다. 심리학 분야의 직장이 증가한 것의 배경에는 이처럼 아이들 간의 공부경쟁이 격화되어 공부를 못하는 아이들을 차별하고 배제하는 교육정책이 있었던 것입니다.

그러나 아이들에게 학교는 공부하는 장소인 동시에 같은 지역에 사는 여러 친구들과 매일 시간을 보내는 장소입니다. 그것에는 매우 중요한 의미가 있습니다. 공부에 자신 있는 아이나 그렇지 않은 아이, 얌전한 아이나 침착성이 없는 아이, 잘사는 아이나 가난한 아이, 운동을 잘하는 아이나 장애를 가진 아이, 이 다양한 특징을 가진 아이들이 교사의 배려 아래 날마다 함께 지내면서 서로에게 많은 영향을 주고받고 세계를 넓혀 가는 것이기 때문입니다.

이런 활동을 통해 아이들은 자신들 가까이에 있는 사회를 알고 다른 사람과 어떻게 관계를 맺을지를 몸에 익히며 자기 스스로 살아가는 힘을 키워나갑니다. 학교는 학습하는 장소인 동시에 생활하는 장소라는 것을 잊어서는 안 됩니다. 다양한 것과 만나면서 천천히 생활 체험을 쌓아가지 않으면 아이들은 살아가는 힘을 충분히 익힐 수 없습니다.

어릴 때부터 능력별로 아이들의 있을 곳을 나누는 것은 학습의 효율만을 중시하는 어른들이 아이들을 학습능력이라는 잣대로 편리하게 구분해 놓는 것입니다. 그리고 지능검사에 의해 매겨진 숫자, 즉 지능지수를 객관적 수치라고 말하면서 아이를 나누는 근거로 손쉽게 이용합니다. 그러니까 지능검사는 아이를 선별하려는 어른들의 방편이지 다양한 아이들의 공생과 공존을 돕는, 아이들을 위한 방편은 결코 아니라는 것입니다.

저는 지능검사가 아이들을 분리시키는 역할을 한다고 자각하고 난 뒤부터 제가 하고 있는 일에 대해 의문을 갖고 지능검사는 도대체 무엇을 하기 위함인가 생각하기 시작했습니다.

지능이란 무엇인가?

아이들에게 지능검사를 해보면 여러 가지 반응을 만나게 됩니다. 예를 들어 "사과와 복숭아는 어디가 닮았습니까?"라는 문제에 어떤 아이는 이런 식으로 대답합니다. "사과는 딱딱하지만 복숭아는 부드럽기 때문에 곧 뭉개져 버려요. 복숭아는 칼로 껍질을 벗기는 것이 어려워요. 그러니까 다른 점이 꽤 많아요. 근데 그렇긴 해도 양쪽 모두 둥근 모양인 건 닮았어요." 누가 보더라도 이 아이는 사과나 복숭아 같은 과일의 성질에 대해 잘 알고 있습니다. 그런데 이 대답은 지능검사에서는 반밖에 점수를 받을 수 없습니다. 하지만 과일을 깎아본 경험도 없고 실물도 잘 모르는 아이가 "양쪽 모두 과일입니다." 하고 재빠르게 대답하면 만점을 받을 수 있습니다. 지능검사가 측정하고 있는 것은 생활 속의 확실한 지식이나 풍부한 지혜가 아니라 실물을 개념이나 기호로 옮겨놓는 능력에 지나지 않는다는 것입니다.

사실 지능검사 연구자인 테일러(L.E. Taylor)가 '모든 지능검사는 기호를 조작하는 능력을 측정한다.' 고 밝히고 있는 것처럼 테스트된 지능이라는 것은 기호적 사고를 가리키는 것입니다. 그래서 사과나 복숭아의 실물에 대해 잘 알고 있는 것보다 그것들을 개념으로 옮겨서 조작하는 능력이 높게 평가될 수밖에 없습니다.

구체적인 사물과 천천히 만나서 실제 세계를 몸으로 알게 되는, 우리가 사는 데 정말 필요한 부분을 지능검사는 잘라버리고 맙니다. 그것은 실체보다 기호를 중시하는 사상 그 자체라고 할 수 있습니다. 이 사상에 의해 만들어진 테스트로 측정한 것이 바로 지능이며, 그것은 많은 아이들에게 생활의 풍부함을 억압하는 도구 그 이상도 이하도 아닙니다.

물론 실물에 열중하기보다는 추상적인 기호를 다루는 것을 좋아하는 아이도 있습니다. 또 기호는 사고의 효율을 높입니다. 이러한 특징을 가진 아이는 지능검사나 학교 공부에서 유리합니다. 그렇지만 대부분의 아이들은 구체적인 실물을 다루고 실물에 열중하는 것을 좋아합니다. 아이들이 투구풍뎅이나 잠자리에 열중해 그것들을 뒤쫓는 것은 그 자체가 즐거워서이지 곤충이라고 하는 개념이나 기호에 관심이 있어서는 아닐 것입니다.

실물과 기호 사이에는 큰 간극이 있어서 아이들에게는 그 간극을 천천히 메워 갈 시간이 주어지지 않으면 안 됩니다. 또 간극을 메우는 데도 개인의 차이가 존재하기 때문에 그 개인차도 고려해야 합니다. 그것은 지능검사에 국한된 문제가 아니라 학교 공부에서도 마찬가지입니다.

예를 들어 분수 공부를 할 때에도 $\frac{1}{2}$, $\frac{1}{4}$이라고 하는 개념을 확실하고 깊게 이해하기 위해서는 많은 생활 체험이 필요합니다. 과자 두 개를 세 명이 나누어 먹거나 유리구슬 놀이를 하다가 자신이 갖고 있는 유리구슬 개수가 상대방이 갖고 있는 개수의 반이라는 것을 알고 실망도 하면서 말입니다. 이러한 모든 체험은 분수라고 하는 개념의 씨앗을 받아들이는 흙과 같은 것입니다. 살아 있는 체험이 풍부하지 않은 상태에서 기호로서의 분수 개념이 주입되면 모래땅에 떨어진 씨앗처럼 말라버리게 되고 결국은 싹이 트지 않겠지요.

물론 기호적인 사고가 효율을 낳고 높은 단계에 오르기 위해 꼭 필요한 도구인 것은 확실합니다. 다양한 체험 속에서 공통된 뭔가가 하나의 추상적 개념으로 추출되고, 그러한 개념을 인식할 때 우리는 공중을 나는 새처럼 새로운 차원에서 구체적 체험 하나하나를 살펴볼 수 있고, 나아가 새로운 지평을 볼 수도 있습니다. 그러나 새가 지상의 풀과 곤충을 먹으러 끊임없이 내려오지 않으면 안 되듯이, 추상적인 개념도 구체적인 사물과 일 또는 현상과 부단히 관계를 맺지 않으면 메말라 버리고 맙니다.

친절한 얼굴을 한 관리 수법, 카운슬링

임상심리학을 떠받치고 있는 또 다른 기둥인 카운슬링에 대해서 얘기해볼까요.

제가 대학생이었던 1960년 무렵 카운슬링의 이론과 기법이 일본에 막 들어왔는데, 당시 소개된 카운슬링은 칼 로저스(Carl Rogers)의 비지시적 상담(내담자 중심 요법)으로 심리임상에 관련된 사람들의 많은 관심을 모았습니다. 이 학파의 카운슬링은 다양한 변종을 만들어 내면서 아직까지 일본 내에 광범위하게 보급되어 있습니다.

이 카운슬링 방법은 상대의 감정에 초점을 맞추는 것입니다. '어떻게 생각할까?' 또는 '무엇이 일어나고 있을까?' 가 아니라 '어떻게 느낄까?' 를 중시합니다. 오늘 강연 첫머리에서 말했듯이 지난 번 칠레의 낙반 사고로 구조된 광부가 "이제 더 이상 심리학자에게 어떤 기분이냐는 질문을 받는 건 싫다."고 한 것은 이를 가리키는 것입니다.

이 학파의 카운슬링은 상대방의 감정에 초점을 맞추어 그것에 공감하면서 받아들이는 것을 기본으로 합니다. 카운슬러가 상대방의 말을 경청하고 그것을 수용해서 내담자가 던진 말을 명확하게 하고 다시 상대방에게 말을 돌려주는 과정을 계속하는 것입니다. 이 기법은 대화 과정 속에서 상대방이 혼란 상태로부터 안정을 찾게 되고, 스스로 대답을 찾아내는 것을 목표로 합니다.

카운슬링 장면에서는 순식간에 내담자가 해결책을 찾아내는 일이 분명히 일어납니다. 어른도, 아이도 마찬가지입니다. 그렇지만 왜 그렇게 되는지 저는 잘 납득이 가지 않았습니다. 그리고 이 대화 형태에 어딘가 의문스러운 구석이 있었습니다. 그 의문이 풀리기 시작한 것은 제가 직접 카운슬링을 받았던 체험을 통해서입니다.

카운슬링 공부를 시작하고 몇 년이 지나서의 일입니다. 어느 여자아이의 치료를 담당하면서 저는 처음으로 카운슬링을 받게 되었습니다. 제 개인적인 문제 때문은 아니었고, 그 아이의 치료가 잘 안 되는 것 같아 수퍼비전(supervision)이라 불리는, 상담자를 위한 상담을 한 것입니다.

상담하던 아이로 인해 힘들었던 저는 당시 지도를 받고 있던 심리학자에게 주 1회 조언을 구했습니다. 그 심리학자

(supervisor)는 앞에서 언급했던 로저스의 비지시적 상담요법을 사용해서 초심자 연구생인 저의 고민을 조용히 듣고, 저의 감정을 거울에 비추듯이 명확하게 하면서 제게 계속 말을 돌려주었습니다. 그러자 저는 순식간에 스스로 해답을 찾아내 한 시간 후에는 "잘 알았습니다." 하고 납득하게 되었습니다. 마법에 걸린 것처럼 스스로 답을 찾아냈던 것입니다.

그런데 그동안 상담자였던 그 심리학자는 제 말을 잘 듣고 그 말을 제게 돌려주었을 뿐 단 한 마디도 자신의 의견을 말하지 않았습니다. 저는 스스로 말하고, 상대방이 돌려주는 말에 의해서 자신을 새롭게 받아들였으며, 그 와중에 대답이 저의 내부에서 올라와서 문제를 해결했다고 생각했습니다. 갑자기 섬광이 번쩍인 것처럼 대답이 제 안에서 솟아오른 그 체험이 너무나 강렬했기 때문에 지금도 제 안에는 그 기억이 선명히 남아 있습니다. 그러나 그 강렬한 인상이라는 것은 감격과 같은 종류가 아니었습니다. 오히려 '굉장한데 뭔가 좀 이상해' 와 같은 기분이었습니다. 기법에 대한 위화감이라고 해야 할까요.

저의 체험과 감상을 들은 지인이 "답을 금방 찾았으니, 그럼 된 거 아닌가요?" 하고 말했지만, 저는 그렇게 간단히 받아들일 문제가 아니라고 생각했습니다. 상대방의 의견을 들은 것도 아니고, 상대방의 생각으로부터 배운 것도 없고, 뭔가 비판을 받은 것도 아닙니다. 그 카운슬러는 한 마디도 자신의 생각을 말하지 않았습니다. 저는 상대방에 대해 무엇 하나 알게 된 것도 없고, 앞으로 참고가 될 만한 아이디어를 얻은 것도 아니었습니다.

이 위화감은 카운슬러 개인의 역량 탓이 아니었습니다. 그것이 카운슬링의 구조에 기인하는 문제라는 것을 초보 연구생이었던 저도 알 수 있었습니다. 그것은 제가 저보다 위에 있고 권력을 갖고 있는 상대방에게 그가 바람직하다고 생각하는 대답을 자발적으로 찾아내어 내민 경우였습니다. 즉, 친근감 있게 잘 들어주는 상대방 앞에서 상대방이 제게 바랄 것 같은 대답을 어느새 스스로 찾아낸 것입니다. 그리고 자신의 문제가 해결됐다고 생각한 것이죠. 대부분의 카운슬링 장면들은 그런 구조로 이루어져 있다고 저는 생각합니다.

저는 그때 카운슬링의 구조에 몸을 딱 맞춘 모범적인 클라이언트를 연기했던 것입니다. 제가 느낀 위화감 중에는 친절하고 상냥해서 잘 보이지 않는 관리구조에 자기를 맞추어 재빠르게 '좋은 아이 클라이언트'를 연기한 저 자신에 대한 개운치 않은 뒷맛도 포함되어 있었겠지요. 하지만 이야기를 잘 들어주는 카운슬러가 자신의 생각을 말하지 않으면 않을수록 내담자는 한층 더 그 상담자가 바람직하다고 여길 것 같은 방향으로 자신의 대답을 만들어가게 됩니다. 그 상황에서 카운슬러는 자신의 말에 책임질 필요가 없습니다. 한마디로 말하면 카운슬링은 "자유롭게 그리고 자발적으로 대답을 찾아내도록 합시다. 단, 상담자가 원하는 바람직한 대답을!" 같은 구조를 갖고 있는 것입니다.

저는 방금 카운슬링이라는 권력 관계가 만들어내는 상호작용에 대해 말했습니다. 물론 대등하지 않은 관계는 생활 속에 많이 있습니다. 교사와 학생, 부모와 아이, 상사와 부하 같이 대등하지 않은 관계는 어디서든 찾아볼 수 있죠. 그러나 서로 대화가 가능하다면 그것은 그 나름대로 자연스럽습니다. 가끔 그 관계 안에 풍파가 인다고 해도 말이죠.

그러나 밖으로는 대등한 관계처럼 보이는 권력 관계 속에서 자기결정을 이끌어내서 온화하게 자기책임을 지게 하는 카운슬링은 내담자나 상담자 양측 모두 느끼기 어려운 교묘한 '지배성' 을 가지고 있습니다. 저는 이런 관계를 '기만' 이라고 표현하지 않을 수 없습니다.

실제로 이 기법은 자기결정과 자기책임을 키워드로 하는 신자유주의와 궁합이 잘 맞아서 온화한 겉모습을 한 효과적인 관리기법으로 학교나 가정, 기업 등 우리의 생활 전 영역에서 활용되고 있습니다. 이 카운슬링 문화는 현대의 관리사회 속에서 점점 더 중요한 역할을 하게 될 것입니다.

카운슬링을 통한 아이 관리

아이에게 시행하는 카운슬링에 대해서도 몇 가지 예를 들어 보겠습니다. 십 년 전쯤 어떤 비디오테이프를 볼 기회가 있었습니다. 그것은 '학교에서의 카운슬링 아이디어와 기법' 이라는 제목으로 일본의 문부과학성(한국의 교육과학기술부에 해당됨)이 만들어 일본 전국의 초 · 중등학교에 배포한 것이었습니다.

그 다큐멘터리는 졸업식을 앞둔 어느 중학교의 이상한 소문으로부터 시작됩니다. 중학교 3학년 남학생들이 졸업식 후에 두 명의 교사를 연못에 던질 예정이라는 소문이 돌고, 그 얘기가 교직원회의에서 다루어집니다. 그에 대한 대책으로 카운슬링 경험이 있는 교사가 주모자인 학생 두 명과 이야기를 나누게 됩니다. 비디오테이프는 이 두 명의 학생이 카운슬링을 받으면서 온화하게 변해가는 모습을 보여주고 있었습니다.

처음에는 학생들이 격앙된 목소리로 연못에 던져버리려고 한 교사들이 얼마나 난폭하고 무례한가를 호소합니다. 그러나 카운슬러 교사가 "너희들이 무슨 일로 화가 났는지 내게 자세히 들려주겠니?" "그래, 너희들 참 힘들었겠구나." 하면서 친절하고 부드럽게 얘기를 이끌어가자 학생들의 분노가 점점 가라앉았고, 마지막에는 "선생님 한 분이라도 우리의 분한 기분을 알아주셨으니 됐습니다." 하고 항의를 철회해서 그 사건이 없던 걸로 되고 맙니다.

이는 카운슬링을 학교로 확대할 것을 장려하기 위해 만들어진 비디오이므로 실제로 학생들이 이처럼 이해심 깊게 행동할지에 대해서는 여전히 의문입니다만, 일단 그것은 접어두겠습니다.

이 사례는 카운슬링의 방법과 역할을 알기 쉽게 잘 보여줍니다. 그 대표적인 방법이란, 상담실이라는 개별 공간 안에서 상대방의 분노를 효과적으로 수습하는 것입니다. 또 그것은 본인을 주위의 관계로부터 떼어내서 그들(학생들)만을 변화시키고 문제가 있는 교사나 교실 상황은 그대로 두는 역할을 하고 있습니다. 교사의 난폭함에 분노를 느낀 학생들은 카운슬링 교사가 친밀하게 자신들의 이야기를 들어줌으로써 기분이 풀리고 화를 수습하게 됩니다. 그러나 난폭한 교사는 자신의 행동을 다시 생각해볼 여지도 없이 면죄되고, 학교는 그대로 계속 유지될 것입니다. 학교 현장 특히 관리직에서 카운슬링이 환영받는 이유는 바로 여기에 있습니다.

두 학생의 항의나 분노에 귀 기울이는 것은 괴로운 일입니다. 하지만 그것은 분명 학교 측이 자신의 문제를 자각하고 개선하는 계기가 될 수 있습니다. 하지만 학교 혹은 교사와 관련된 문제를 학생의 문제로 쉽게 봉해 버리는 방법을 취한다면, 권력 편에 서 있는 교사들은 점차 타락해 버리고 말 것입니다. 학생들과의 관계도 개선될 리 없습니다. 학생들을 어중간하게 달래는 것으로 그칠 뿐입니다.

다시 말해 카운슬링은 서로가 정직하게 부딪히지 않도록 만드는 관리의 방법인 것입니다. 이런 의미로 카운슬링은 지능검사와 마찬가지로 아이를 능숙하게 조작하기 위한 어른의 방편이지, 아이를 건강하게 살게 하는 방편이라고 할 수 없습니다.

부모와 자식 사이를 비집고 들어오는 카운슬링

학교만이 아닙니다. 카운슬링은 부모와 자식 관계에도 비집고 들어와 있습니다. 부모가 아이에게 이용하는 카운슬링 기법 중 하나는, 앞에서 말한 칼 로저스의 제자인 미국 심리학자 토머스 고든(Thomas Gordon)에 의해 창시된 '부모를 위한 트레이닝(PET. Parent Effectiveness Training)' 입니다. 이것은 부모가 자신의 생각을 말하는 일 없이 아이의 감정을 해독하면서 아이의 말을 돌려주다 보면 아이 스스로 부모가 바라는 결론에 도달하게 되는 대화방법입니다.

예를 들어 여중생이 자신의 아버지에게 다음과 같이 물었습니다. "아빠는 어릴 때 좋아하는 여자아이의 어디가 마음에 들었어? 어떤 점을 좋아했어?" 부모 트레이닝을 받은 아버지는 이렇게 대답합니다. "남자아이한테 인기를 얻으려면 어떻게 하면 좋을지, 그걸 생각해보고 싶은 거구나. 그렇지?" 아버지는 딸의 물음에 직접 대응하는 것이 아니라 물음의 배경에 있는 감정에 초점을 맞추어 그것을 해독해서 그 감정으로 설정을 바꾸었습니다.

여기서는 '감정의 명확화' 기법이 사용되고 있습니다. 그 대응 방식에 힘입어 딸의 관심은 남자아이의 사회와 아버지의 체험이라고 하는 외부세계로부터 자기 자신의 내면으로 이행합니다. "맞아. 난 남자아이한테 별로 인기가 없는데, 그 이유를 모르겠어." 카운슬러 역의 아버지와 딸의 대화는 계속되고, 그러던 중 딸은 자신의 겁쟁이 같은 태도를 반성하고 "역시 부딪혀보는 도전을 하지 않으면 안 된다."라는 자기반성적인 결론을 냅니다.

그리고 아버지는 자신의 응답 효과에 만족해 다음과 같이 결론을 내리게 되죠. "(그 프로그램에 의한) 능동적인 듣는 방법 덕분에 내 딸은 건설적인 자기변혁으로 연결되는 행동을 스스로 생각해 낼 수 있었다." 아버지는 아주 만족스러워할 것입니다. 하지만 여기에는 "야! 아빠도 젊었을 때 여자한테 많이 차였어."와 같은 솔직한 부모와 자식 간의 대화는 없습니다. 아이의 내면조작이나 교육적 자세가 부모와 자식의 자연스러운 관계를 막고 있기 때문입니다.

이 부모와 자식 간의 대화를 읽은 어느 대학생이 "좋아하는 여자에게 '이번 크리스마스는 어떻게 보낼 건데?' 라고 물었을 때, 그녀가 '너 나랑 데이트 하고 싶은 모양이구나. 맞지?' 라고 대응했다면 무례함을 느꼈을 것"이라고 말했는데, 그렇게 느끼는 것은 너무나 당연합니다.

아이는 부모를 신뢰하고 있기 때문에 자신이 조작되고 있다고 생각하지 않습니다. 카운슬링 기법은 이 신뢰를 배반하고 있는 것입니다. 부모에게 부모 트레이닝이 있는 것처럼 아이에게도 "아빠는 나에게 건설적인 생각을 말하게 하고 싶은 거죠. 아닌가요?"라고 말할 수 있는 자녀 트레이닝이 필요한 거 아니냐고, 저는 농담조로 말하곤 합니다.

'마음의 케어'에 대한 의문

마지막으로 최근 십 년 동안 일본사회에 침투한 '마음의 케어'에 대해 얘기하고자 합니다. 최근 일본 학교에서는 아이의 자살이나 살인 같은 큰 사건이 일어나면 곧바로 학교에 스쿨카운슬러가 파견되어 아이들에게 '마음의 케어'를 해주는 것이 일반적인 모습이 되었습니다. 아이나 교사나 부모들의 동요를 막고 특히 아이들에게 큰 쇼크가 남지 않도록 배려하기 위해서라고 생각됩니다.

그러나 친구의 죽음과 같은 충격에 대한 대처를 '마음 전문가'의 손에 맡겨두고 부모나 교사가 몸을 뒤로 빼는 것이 과연 옳은가라는 생각이 듭니다. 누구든지 살다 보면 생각지 못한 불행한 사건을 만나게 되고, 그럴 때는 보통 가까이 있는 어른이 버팀목이 되어서 마음껏 슬퍼하도록 위로하고 다시 일어서도록 격려하는 게 자연스러운 일이며, 아이들도 그것을 바라고 있다고 생각하기 때문입니다.

부모나 교사들은 진정으로 "최근에는 어떤 사건이 일어나도 카운슬러가 아이들을 잘 지도해주기 때문에 안심이다." 하고 생각하는 걸까요? 만약 그렇다면 부모라는 존재는 도대체 무엇인가요? 평온한 일상 속에서는 눈에 띄지 않는 존재였다고 해도 아이에게 무슨 일이 일어났을 때는 누구보다 부모가 앞으로 나와야 하는 것 아닌가요? 보통은 서로가 바빠 얼굴 볼 시간조차 없다 해도 중대한 일을 겪게 되면 부모와 자식은 반드시 연결되어야 합니다. 같이 한탄하고 얘기 나누면서 서로를 위로할 때에야 아이는 비로소 안심할 수 있는 것입니다.

또한 평소 아이와 같이 생활하는 교사가 나설 차례이기도 합니다. 교사가 아이를 염려해 가정방문을 하는 것은 매우 자연스럽지만, 낯선 '마음의 전문가'가 '트라우마 체크 리스트'를 한 손에 들고 지도자와 같은 역할로 등장하는 것은 부자연스럽게 느껴질 것입니다.

재난을 당한 사람에게 전문가가 따라 붙는 것이 사회적으로 당연시되기 때문에 '마음의 케어'라는 이름 아래 부모 자식의 생활이 전문가에게 맡겨지는 것은 아닐까요? 하지만 정말 중요한 것은 부모가 아이를 염려하고, 아이가 부모를 신뢰하는 아주 소박한 관계일지도 모릅니다.

심리학으로부터의 해방

심리학은 상냥하고 친절한 모습을 하고 있습니다. 그러나 그 뒤에는 상대방을 교묘하게 조작하거나 심리 테스트라는 도구로 상대를 단정해버리는 기능을 가지고 있습니다.

젊은 시절, 심리학은 아이 편이 아닐까 생각한 나의 예측은 빗나가고 말았습니다. 지금은 반대로 심리학으로부터의 해방이야말로 아이 편으로 나아가는 길이라고 생각하기에 이르렀습니다. 조작에 사로잡히지 않는 정직하고 솔직한 인간관계야말로 어른과 아이 양쪽 모두에게 중요합니다. 그것이 우리 인간에게 진정한 안심을 가져오기 때문입니다.

카운슬러와 클라이언트의 관계는 '깊지만 친하지 않은 관계' 라고 말하는 심리학자가 있습니다. 그렇지만 일상생활에서 우리는 '깊지만 친하지 않은 관계' 가 아니라 '깊지는 않아도 친한 관계' 를 목표로 삼아야 합니다. 그래야만 우리는 '상담' 이라고 하는 상품을 '서로 함께 생각하는 일상의 일' 로 복원하고 되돌리는 길을 찾아낼 수 있고, 그러다 보면 어느새 차츰 '깊고 친한 관계' 로 나아가고 있을지도 모르는 것입니다.

참고문헌

무서운 '대외원조'에 관한 사람들의 말

코토판쟌 댐(인도네시아 수마트라섬 중부에 있는 댐) 피해자 주민을 지원하는 모임 www.kotopan.jp

"Dams, Rivers & People" (Dec 2002) www.narmada.org

"The Road to Harsud: The death of a town" by Arundhati Roy 2004 Znet/Outlook India

무서운 '대외원조'에 관한 회색의 말

"The International Republican Institute 2005 Annual Report"

"Rule of Law: Success Stories" USAID "The general public, emboldened with its success at changing the presidency and gaining first ever rights for indigenous people, is increasingly aware of its power to obtain government responses through collective protests, but remains largely unaware of the responsibilities involved in collective decision making driven by social unrest. While they have achieved incredible results in a short amount of time they are still unaware of the appropriate roles of the citizenry in preventing social chaos" -USAID on Bolivia (2006)

군사예산

Military Spending: 2004-2005 Worldwide Expenditures Defense Monitor; Mar/Apr2006, Vol. 35 Issue 2

"World Military Spending" www.globalissues.org/Geopolitics, etc.

기지제국

Writings of Chalmers Johnson including;

Blowback: The Costs and Consequences of American Empire (2000, rev. 2004) ISBN 0-8050-6239-4

The Sorrows of Empire: Militarism, Secrecy, and the End of the Republic (2004) ISBN 0-8050-7004-4

8천 발의 핵미사일

"Apocalypse Soon" by: McNamara, Robert S.. Foreign Policy, May/Jun2005 Issue 148, p28-35

경제학자 벤덤

Dowd, Douglas. Capitalism and Its Economics: A Critical History. London: Pluto Press, 2000.

Jeremy Bentham, Introduction to the Principles of Morals and Legislation (1780) "Nature has placed mankind under the governance of two sovereign masters, pain and pleasure. It is for them alone to point out what we ought to do as well as to determine what we shall do. On the one hand, the standard of right and wrong, on the other the chain of causes and effects, are fastened to their throne."

써 먹을 대로 써 먹은 꼼수

Planned Obsolescence. By: Stewart, John B.. Harvard Business Review, Sep/Oct59, Vol. 37 Issue 5, p14-174, 15p;

타이어의 분진

TYRE DUST. Authors: Thomas, Pat Source: Ecologist; Nov/Dec2005, Vol. 35 Issue 9, p14-18

나라보다 큰 기업들

Global Inc. : An Atlas of Global Corporations by Medard Gabel, Henry Bruner

백만 마리의 야생동물이 죽임을 당한다

They Paved Paradise by Mickey Z 2003 ZNet

기지제국의 그리스도교

Third of Americans Say Evidence Has Supported Darwin' s Evolution Theory Almost half of Americans believe God created humans 10,000 years ago SOURCE: Gallup Poll News Service November 19, 2004

'종교대립 시대입니다'를 시작한 회색대학 교수, 그 논문, 그 배경.

Samuel P. Huntington, "The Clash of Civilizations?" Foreign Affairs Summer 1993, 72/3 SAMUEL P. HUNTINGTON is the Eaton Professor of the Science of Government and Director of the John M. Olin Institute for Strategic Studies at Harvard University. This article is the product of the Olin Institute' s project on "The Changing Security Environment and American National Interests."

이슬람교와 그리스도교가 손을 잡고 걷는다

Diplomatic hand-holding: Symbolic hand-clasp between Bush and Saudi prince showcases solidarity, especially on oil policy. By Matthew Clark http://www.csmonitor. com/2005/0426/dailyUpdate.html

꼬리가 긴 새의 나라로부터(진보한 미디어 이론을 실천하는 방송국)
www.vive.gob.ve

'꼬리가 긴 새의 나라 대통령 같은 놈 암살해 버려'
"Analysis: Televangelist Robertson urges US hit on Chavez" Source: All Things Considered (NPR); 08/23/2005
"Robertson Apologizes for Chavez Assassination Remarks" Source: Washington Post, The; 08/25/2005

국경의 경비를 UAE에게 맡기기
BUSH WOULD VETO ANY BILL HALTING DUBAI PORT DEAL. David E. Sanger and Eric Lipton. The New York Times (Feb 22, 2006)
U.S. Intelligence Agencies Backed Dubai Port Deal. Washington Post Staff Writer. Saturday, February 25, 2006

기지제국의 역사
Killing Hope: U.S. Military and CIA Interventions since World War II by William Blum (1995) Common Courage Press

팔레스타인 분쟁 전문가인 베니 모리스조차도
Writings of Norman G. Finkelstein including;
Image and Reality of the Israel-Palestine Conflict: Verso, 1995 (ISBN 1-85984-339-5)

Rise and Fall of Palestine: A Personal Account of the Intifada Years, University of Minnesota, 1996 (ISBN 0-8166-2859-9)
Beyond Chutzpah: On the Misuse of Anti-Semitism and the Abuse of History, University of California Press, 2005 (ISBN 0-520-24598-9)
Morris quote is from Benny Morris, Righteous Victims, New York: Random House, Inc., 2001.

매스미디어의 돈은 어떤 식으로 돌아가는 걸까?

The Global Media: The New Missionaries of Corporate Capitalism (with Edward Herman) by Robert W. McChesney
The Myth of The Liberal Media: An Edward Herman Reader (1999)
Manufacturing Consent: The Political Economy of the Mass Media (1988) by Edward S. Herman and Noam Chomsky
The Exception to the Rulers: Exposing Oily Politicians, War Profiteers, and the Media that Love Them by Amy Goodman, David Goodman (Hyperion, April 2004)

Bernays가 쓴 광고업계의 매뉴얼(1928)

PROPAGANDA By Edward L. Bernays Horace Liveright, New York, 1928

한 명의 우수한 인간과 백만 명의 눈먼 자(매슬로우의 일기)

The Journals of A. H. Maslow Monterey, CA: Brooks/Cole, 1979. p.628 Journal 8 (1966-1967) May 20 "the humanistic psychology absolutely needs a doctrine of an elite, degrees of humanness, health and sickness, winners & losers, aggridants (whether by heredity or by learning), good specimens, good choosers, no equal votes, nonequal weighting. The taste or judgment of one superior can & should overweigh 1000 or million blind ones. (Must include in doctrine of the aggridant the greater capacity to smell out the truth via intuition without proof or data. Also greater ought-14 15 perceptiveness.)"

천 명이 외딴 섬에서 살 때 나올 수 있는 이상적인 사회

Maslow, A. Eupsychian management. Homewood, IL: Richard Irwin & Dorsey Press; 1965. Also published as Maslow on Management With added interviews by Deborah Stephens and Gary Heil.NY: Wiley, 1998.

기지제국 심리학의 역사를 이해하기 위한 중요한 책. 몇 번이나 자신의 제자를 공격하는 매슬로우 등 흐뭇한 에피소드도 있음.

Herman, Ellen. The Romance of American Psychology: Political Culture in the Age of Experts. Berkeley: University of California Press, c1995.

체게바라의 일기

The Bolivian Diary of Ernesto Che Guevara by Ernesto Guevara, Mary-Alice Waters (Editor) Publisher: University of California Press

태양과 비처럼

"Joy and Pain" by Maze

윌리엄 제임스

The Principles of Psychology by William James (1890) "So our self-feeling in this world depends entirely on what we back ourselves to be and do. It is determined by the ratio of our actualities to our supposed potentialities; a fraction of which our pretensions are the denominator and the numerator our success: thus, Self-esteem = Success / Pretensions. Such a fraction may be increased as well by diminishing the denominator as by increasing the numerator."

"And in fact we ourselves know how the barometer of our self-esteem and confidence rises and falls from one day to another through causes that seem to be visceral and organic rather than rational, and which certainly answer to no corresponding variations in the esteem in which we are held by our friends."

'셀프이스팀'에 관해서 우사기와 그의 친구들이 참고로 한 논문

Self-Esteem and Self-Regulation: Toward Optimal Studies of Self-Esteem. By: Rhodewalt, Frederick; Tragakis, Michael W.. Psychological Inquiry, 2003, Vol. 14 Issue 1, p66, 5p

When ego threats lead to self-regulation failure: negative consequences of high self-esteem. By: Baumeister, Roy F.; Heatherton, Todd F.; Tice, Dianne M. In Journal of Personality and Social Psychology, v.64 (January 1993) p.141-56.

Self-Esteem, Self-Handicapping, and Self-Presentation: The Strategy of Inadequate Practice. By: Tice, Dianne M.; Baumeister, Roy F.. Journal of Personality, Jun90, Vol. 58 Issue 2, p443-464, 22p

An Analysis of the Self-Handicapping Scale. By: Strube, Michael J.. Basic & Applied Social Psychology, Sep86, Vol. 7 Issue 3, p211-224, 14p

Self-Handicapping Among Competitive Athletes: The Role of Practice in Self-Esteem Protection. By: Rhodewalt, Frederick; Saltzman, Andrew

T.; Wittmer, Jerry. Basic & Applied Social Psychology, Sep84, Vol. 5 Issue 3, p197-209, 13p

Smith, T. W., Snyder, C. R., &. Handelsman, M. M. (1982). On the self-serving function of an academic wooden leg: Test anxiety as a self-handicapping strategy. Journal of Personality and Social Psychology, 42, 314-321.

Kolditz, T. A., & Arkin, R. M. (1982). An impression management interpretation of the self-handicapping strategy. Journal of Personality and Social Psychology, 43, 492-502.

Carver, C. S., Seheier, M. F. (1981). Attention and self-regulation: A control theory approach to human behavior. New York: Springer-Verlag.

Weary-Bradley, G. (1978). Self-serving biases in the attribution process. A reexamination of the fact or fiction question. Journal of Personality and Social Psychology, 36, 56-71.

Jones, E. E., & Berglas, S. (1978). Control of attributions about the self through selfhandi-capping strategies: The appeal of alcohol and the role of underachievement. Personality and Social Psychology Bulletin, 4, 200-206.

Berglas, S., & Jones, E. E. (1978). Drug choice as a self-handicapping strategy in response to noncontingent success. Journal of Personality and Social Psychology, 36, 405-417.

'민영화의 추진력' 피터 드러커가 자유훈장을 받았을 때의 문장

The White House Office of the Press Secretary June 20, 2002

"President Bush Announced the Recipients of the Presidential Medal of

Freedom"

피터 드러커 최초의《회색비즈니스리뷰》

Management Must Manage. By: Drucker, Peter F.. Harvard Business Review, Mar50, Vol. 28 Issue 2, p80-86, 7p

세계에서 수 천부가 팔리는 피터 드러커의 책. 캐나다와 그림책 나라 등

Peter F. Drucker, a Pioneer in Social and Management Theory, Is Dead at 95. (Obituary). Barnaby J. Feder. The New York Times (Nov 12, 2005)

기업이라는 개념

Drucker, P. F. (1946). Concept of the corporation. New York: John Day.

달의 배꼽의 나라, 와하카의 '선생님들의 혁명'에 관해서는 노동자들 자신이 컨트롤하는 멕시코의 신문 '라호루나다'에서(AP라든지 로이터 통신은 우사기에 의하면 '엉터리로 기사를 쓰고 있음')

front page nov 21

http://www.jornada.unam.mx/2006/11/21/

article november 21

http://www.jornada.unam.mx/2006/11/21/index.php?section=politica&article=022n1pol

La APPO- la Jornada

http://www.jornada.unam.mx/2006/11/21/index.php?section=opinion&article=027a1pol

front page nov. 26

http://www.jornada.unam.mx/2006/11/26/

front page nov. 28
http://www.jornada.unam.mx/2006/11/28/
represion policia... june 15
http://www.jornada.unam.mx/2006/06/15/003n1pol.php

1930년대부터 기업 안에서 카운슬링
Contracting for an employee counseling service by Cavin P. Leeman Harvard Business Review March-April 1974

의회라는 것은 들은 데로 행하는 법이다
Search for the common ground. By: Redford, Robert. Harvard Business Review, May/ Jun87, Vol. 65 Issue 3, p107-112, 6p

셀프이스팀 심의회의 최종보고서
Toward a State of Esteem. The Final Report of the California Task Force to Promote Self-esteem and Personal and Social Responsibility. Publisher: Bureau of Publications, California State Department of Education, P.O. Box 271, Sacramento, CA

심의회의 경위, 7명의 심의인이 동의하지 않음. 심의인 중 한 명이 서명을 거절함 등
Using Self-Esteem To Fix Society' s Ills WILLIAMS, LENA. New York Times. (Late Edition (East Coast)). New York, N.Y.: Mar 28, 1990. pg. C.1
Will the Real Self-Esteem Stand Up? ANNE TAYLOR FLEMING, Special to The New York Times. New York Times. (Late Edition (East Coast)).

New York, N.Y.: Nov 9, 1988. pg. C.10

A Study on Feelings Creates Bad Ones Bishop, Katherine New York Times (Late Edition (East Coast)). New York, N.Y.: Feb 20, 1990 pg. A12

Maybe Folks Would Feel Better If They Got to Split the $735,000 By Carrie Dolan. Wall Street Journal. (Eastern edition). New York, N.Y.: Feb 9, 1987. pg. 1 Herman (1995)

The Will to Empower: Democratic Citizens and Other Subjects. By Barbara Cruikshank. Ithaca, NY: Cornell University Press, 1999

"The Therapeutic State: Justifying Government at Century's End" James L., Jr. Nolan (New York University Press 1998)

클린턴, 파웰, 바바라 부시의 발언, 불똥이 튄 최종보고서의 사실 관계, '신앙 시스템'

Nolan (1998)

'죽음이든지 시체 담는 봉지이든지'

"Why should we hear about body bags, and deaths, and how many, what day it's gonna happen, and how many this or what do you suppose? Or, I mean, it's, it's not relevant. So, why should I waste my beautiful mind on something like that?" -Barbara Bush, March 18, 2003, on ABC/Good Morning America

미스터 테라피의 정치헌금, 캘리포니아 주에 의하면

Campaign Finance: JV FOR SENATE

http://cal-access.sos.ca.gov/Campaign/Committees/Detail.aspx?id=1064805&

view=received&session=1999

셀프이스팀과 그것이 낮음으로 인해 일어난다고 본 사회문제는 거의 아무런 관계가 없음이 밝혀짐

Esteeming the "Responsible" Self James L. Nolan, Jr. Volume 8, Issue 4, Fall 1998 The Responsive Community

Cruikshank (1999)

싱크탱크에게 빚을 짐

Toward a State of Esteem. The Final Report of the California Task Force to Promote Self-esteem and Personal and Social Responsibility. "The Task Force is indebted to the group of professionals who came at their own expense to compose the Think Tank"

노랑의 책

Nolan (1998)

9 · 11에 정부가 관여하고 있다고 기지제국의 3분의 1 사람들이 생각하고 있음

Democracy Now! Tuesday, December 19th, 2006 "From Bolivia to Baghdad: Noam Chomsky on Creating Another World in a Time of War, Empire and Devastation"

셀프이스팀이 세상에 퍼져나가는 양상, 예를 들면

www.imifap.org.mx

'유전자와 뇌로 사람의 사회를 알 수 있습니다.' 라고 말하는 책

"The Selfish Gene" by Richard Dawkins. Published: New York: Oxford University Press, 1976. "The Meme Machine" by Susan Blackmore etc...

《마음은 이렇게 움직인다》라는 책을 쓴 회색대학 교수

"How the Mind Works" by Steven Pinker

《마음은 그렇게 움직이지 않는다》 마음이라는 것의 작동은 전연 해명되어 있지 않다

Fodor, J. (2000), The Mind Doesn' t Work That Way: The Scope and Limits of Computational Psychology, Cambridge, Mass: MIT Press.

Buller, David J. 2005. Adapting Minds: Evolutionary Psychology and the Persistent Quest for Human Nature. Cambridge, MA: MIT Press

정보공개된 레이건 대통령의 대본 〈론야스〉

"SECRET April 21 1987 MEMORANDUM FOR THE PRESIDENT FROM: George P. Shultz" Available through National Security Archive.

"Nakasone remains strongest supporter of US political, security goals and catalyst for economic change." "For Nakasone, show he is effective in foreign affairs, a good friend of President."

심리학을 배운 녀석들

"Rojo, Amarillo, y Verde" by Juan Enrique Jurado

'희망의 이론' '부적절한 희망'에 관한 논문, 〈역시 머리 어딘가에 나사가 하나 …….〉

"False" Hope . By: Snyder, C. R.; Rand, Kevin L.; King, Elisa A. In Journal of Clinical Psychology, v. 58 no9 (September 2002) p.1003-22.

Hope Theory: Rainbows in the Mind. By: Snyder, C. R.. Psychological Inquiry, 2002, Vol. 13 Issue 4, p249, 27p,

브래디 《기업의 구조와 파시즘의 구조는 똑같다》

Business as a System of Power. By ROBERT A. BRADY. New York: Columbia University Press, 1943.

'순식간에 신자가 되었다' '큰 충격을 받았다'

Management' s New Paradigms. By: Drucker, Peter F.. Forbes, 10/05/98, Vol. 162 Issue 7, p152-177 "for management, Eupsychian Management is his most important book. I became an immediate convert--Maslow' s evidence for his view that different people require different ways of managing is overwhelming."

The Wall Street Journal Interactive Edition April 25, 1997 Leadership Guru' s Work Takes Thirty Years to Come to Flower By THOMAS PETZINGER JR. "Dr. Maslow, in the early 1960s, also delved deeply into management and economics. Setting up shop in a Southern California electronics plant, he produced a disarmingly farsighted journal applying the concept of self-actualization to both the workplace and the marketplace. "This is by far Maslow' s best book," says Peter Drucker, perhaps the foremost management authority today. "It had enormous impact on me."

피터 드러커의 책을 읽으면서 어떤 컴퓨터 기업에서
Maslow (1965)

자동차 대수를 줄이자. 자전거를 타자
See “Critical Mass” http://times-up.org/ etc.

‘생각의 틀을 제공해서 그 안에서만 활발하게 논의를 하도록 하는 것’
“The smart way to keep people passive and obedient is to strictly limit the spectrum of acceptable opinion, but allow very lively debate within that spectrum - even encourage the more critical and dissident views. That gives people the sense that there’ s free thinking going on, while all the time the presuppositions of the system are being reinforced by the limits put on the range of the debate.” Noam Chomsky, The Common Good (1998), Chronicles of Dissent (1992), etc

칼 로저스의 서기 2000년의 산업계
The Promise Of An American Industry. By: Rogers, Carl R.. Public Relations Quarterly, Winter69, Vol. 13 Issue 4, p44, 2p;
Rogers, Carl R. “Interpersonal Relationships. USA 2000.” Journal of Applied Behavioral Science 4, no. 3 (1968): 265-280

1952년의 《회색비즈니스리뷰》 칼 로저스의 논문. ‘노동조합과 공산주의의 문제는 테라피적으로 해결하면 됩니다’, ‘연구비가 좀 더 필요합니다’
Barriers and Gateways to Communication. By: Rogers, Carl R.;

Roethlisberger, F.J.. Harvard Business Review, Jul/Aug52, Vol. 30 Issue 4, p46-52, 7p;

'1952년 로저스 & 레스리스 파커는 HBR사상 가장 많이 팔린 기사 중의 하나'

Executive Summaries. By: Drucker, Peter F.; Garvin, David A.; Nonaka, Ikujiro; Rogers, Carl R.; Roethlisberger, F.J.; Dyer, Davis; Bleeke, Joel; Ernst, David; Tedlow, Richard S.; Marram, Michele S.; Goodman, John B.; Loveman, Gary S.; Avishai, Bernard; Peace, William H.. Harvard Business Review, Nov/Dec91, Vol. 69 Issue 6, p189-194 "It is one of the top-selling reprints of all time."

1952년 이후 HBR에서 로저스에게 주목한 회색수하들의 논문

Business Leadership and a Creative Society. By: Collier, Abram T.. Harvard Business Review, Jan/Feb53, Vol. 31 Issue 1, p29-38, 10p;

Leadership Pattern In the Plant. By: Argyris, Chris. Harvard Business Review, Jan/Feb54, Vol. 32 Issue 1, p63-75, 13p;

Human Relations In a Bank. By: Argyris, Chris. Harvard Business Review, Sep/Oct54, Vol. 32 Issue 5, p63-72, 10p;

COMPETITION--inside and out. By: Dean, Joel. Harvard Business Review, Nov/Dec54, Vol. 32 Issue 6, p63-71, 9p;

DILEMMA in human relations. By: Collier, Abram T.. Harvard Business Review, Sep/Oct55, Vol. 33 Issue 5, p59-67, 9p;

The Changing Character of Capitalism. By: Levitt, Theodore. Harvard Business Review, Jul/Aug56, Vol. 34 Issue 4, p37-47, 11p;

Revisionist Theory of Leadership. By: Bennis, Warren G.. Harvard

Business Review, Jan/Feb61, Vol. 39 Issue 1, p26-150, 9p;

레스리스 파커 교수의 일, '호손실험' 이후

THE FOREMAN: MASTER AND VICTIM OF DOUBLE TALK. By: Roethlisberger, Fritz J..

Harvard Business Review, Spring45, Vol. 23 Issue 3, p283, 16p;

HUMAN RELATIONS: RARE, MEDIUM, OR WELL--DONE? By: Roethlisberger, F. J.. Harvard Business Review, Jan48, Vol. 26 Issue 1, p89, 19p;Training Supervisors in Human Relations. By: Roethlisberger, F.J.. Harvard Business Review, Sep51, Vol. 29 Issue 5, p47-57, 11p;

The Administrator' s Skill: COMMUNICATION. By: Roethlisberger, F.J.. Harvard Business Review, Nov/Dec53, Vol. 31 Issue 6, p55-62, 8p;

레빗교수, 지금의 의미로 '글로벌제이션' 이라는 말의 창시자.

The New York Times July 6, 2006 Theodore Levitt, 81, Who Coined the Term 'Globalization', Is Dead By BARNABY J. FEDER with Correction: July 11, 2006 "he published a respected paper in 1983 popularizing the term"

기업 측이 만든 잡지에서의 로저스의 논문 《회색비즈니스리뷰》이외

Rogers, Carl R., et al. "Removing the Obstacles to Good Employee Communications." Management Record 15, no. 1 (1953): 9-11, 32-40. "Active Listening" by Carl Rogers and Richard E. Farson. (1957) Chicago, (University of Chicago Industrial Relations Center) (25 pp.); also in: Newman, R. G. / Danziger, M. A. / Cohen, M. (eds.), Communication in Business Today, Washington C.C. (Heath and

Company) 1987

The Promise Of An American Industry. By: Rogers, Carl R.. Public Relations Quarterly, Winter69, Vol. 13 Issue 4, p44, 2p;

로저스의 록펠러 재단으로부터 돈을 받은 연구

In This Issue. Harvard Business Review, Jul/Aug52, Vol. 30 Issue 4, p7-21, 6p;

우사기와 그의 친구들이 NPO와 NGO를 생각하기 시작한 계기가 된 책

The Will to Empower: Democratic Citizens and Other Subjects. By Barbara Cruikshank. Ithaca, NY: Cornell University Press, 1999

우사기와 그의 친구들이 테라피적인 사회에 관해서 생각하기 시작한 계기가 된 책

《마음의 전문가는 필요없다》 小沢牧子 (오자와 마키코) (2002)洋泉社新書

'NPO를 운영하기'

Drucker P.F. (1990), Managing the Nonprofit Organization, New York: HarperCollins

'사회환경학자의 사색'

Reflections of a Social Ecologist. By: Drucker, Peter F.. Society, May/Jun92, Vol. 29 Issue 4, p57-64, 8p

약 800명이 《14조(兆)장자》

Billionaire Bacchanalia. Forbes; 3/27/2006, Vol. 177 Issue 6, p111-111, 3/4p

'많은 조직이 만들어졌다. 새로운 사회'

The New Society of Organizations. By: Drucker, Peter F.. Harvard Business Review, Sep/Oct92, Vol. 70 Issue 5, p95-105, 10p, 4 illustrations, 4c;

'4명 대통령의 어드바이저' 베니스교수, 1961년의 논문. 〈리더가 파실리테이터가 되는 인간관계기법의 응용과 개선에 관한 것〉

Revisionist Theory of Leadership. By: Bennis, Warren G.. Harvard Business Review, Jan/Feb61, Vol. 39 Issue 1, p26-150, 9p;

'조직은 이기지 않으면 안 된다'

"the organizations of the post-capitalist society must constantly up-set, disorganize, and destabilize the community." "In its culture, therefore, tbe organization will always transcend the community. If an organization' s culture and the values of its community clash, the organization must prevail-or else it will not make its social contribution." Drucker (1992 HBR)

존 케넌이 1948년에 쓴 정책계획문서 23

"PPS/23: Review of Current Trends in U.S. Foreign Policy" Memorandum (TOP SECRET) by the Director of the Policy Planning Staff George Kennan to the Secretary of State George Marshall. "Furthermore, we have about 50% of the world' s wealth but only 6.3% of its population. This disparity is particularly great as between ourselves and the peoples of Asia. In this situation, we cannot fail to be the object of envy and resentment. Our real task in the coming period is to devise a pattern of relationships which will permit us to maintain this position of disparity without positive detriment to our national security. To do so, we will have to dispense with all sentimentality and day-dreaming; and our attention will 28 29 have to be concentrated everywhere on our immediate national objectives. We need not deceive ourselves that we can afford today the luxury of altruism and world-benefaction."

선주민교육

Taller de Historia Oral Andina, La Paz, Bolivia

저자 소개

오자와 켄지(小沢健二)

1968년 출생, 싱어송라이터, 발표앨범에 《LIFE》《매일의 환경학》 등이 있고, 저서로 《우사기!》 등이 있다.

일본의 최고 명문대학을 나왔지만 자신의 약력을 소개할 때 출신 '대학'을 밝히는 것을 피함으로써 학력사회를 비판하는 입장을 몸소 실천하고 있다.

역자 소개

박동섭

현재 신라대학교 교육학과 전임강사로 재직 중이고,

역서로 《심리학은 아이들편인가?》(서현사, 2010)

저서로 《불협화음론자 비고츠키 그 첫번째 이야기》(서현사, 2011)가 있다.

일본 University of Tsukuba에서 교육심리를 공부하고 이 땅에 너무나도 많은 '무늬만 비고츠키 연구자들'의 사상의 원류인 '논리실증주의', 물리학의 영역에서조차도 지나치게 경직되고 협애한 관점으로 비판받은 지 오래된 그 '논리실증주의'라는 프로크로스테스 침대에 오랫동안 갇혀 있는 비고츠키 구하기 일에 전념을 다하고 있다.

e-mail : littleegan@gmail.com

기업적인 사회, 테라피적인 사회

-누가 만든 사회이고, 누구를 위한 사회인가?-

2012년 1월 2일 1판 1쇄 인쇄
2012년 1월 5일 1판 1쇄 발행

지은이 오자와 켄지(小沢健二)
옮긴이 박 동 섭
펴낸이 조 재 성

펴낸곳 서현사
(410-817) 경기도 고양시 일산동구 백석2동 1332-1
레이크하임 206호
전화 031-919-6643 팩스 031-912-6643

등 록 2002년 8월 14일 제03-01392호
ISBN 978-89-94044-35-4 03180
정 가 12,000원

심리학은 아이들 편인가?

교육으로부터의 해방

오자와 마키코 저/ 박동섭(신라대 교수) 역

신국판 | 반양장 | 232쪽(2도) | 12,000원 | 2010. 1. 25.
ISBN 978-89-94044-01-9 93180

심리학은 과연, 인간 해방을 위한 학문인가?

많은 사람들은 심리학이 아이의 발달과 아이가 안고 있는 문제해결을 돕기 때문에 '아이 편'이라고 생각하고 있다. 그러나 저자는 이러한 주류의 생각에 다양한 각도에서 의문을 갖는다. 예를 들어 심리테스트는 결과적으로 아이를 정상 · 비정상, 건강 · 장애 그리고 우등 · 열등으로 나누어 버리는 것은 아닐까? 또 심리치료는 내담자가 안고 있는 문제의 사회적 측면을 경시하고, 개인의 내면문제로 환원시키는 경향을 갖고 있는 것은 아닐까? 즉, 심리학이 사회의 문제를 개인의 문제로 전가시키는 오류를 범하고 있는 것은 아닐까?라는 의문들이다. 심리학을 묻는 것은 거기에 속박되어 있는 '교육'을 묻는 것과 연결되기 때문에 '교육으로부터의 해방'이라는 부제목을 달았다.

'심리학이란 학문은 누구를 위해 존재하는가?' '교육이란 무엇인가?' '교육은 반드시 아이들에게 도움이 되는가?' '발달이란 무조건적으로 옳은 것인가?'와 같은 교육과 심리에 관한, 보다 근본적으로는 인간에 관한 물음을 되새기는데 도움이 되었으면 한다.

불협화음론자 비고츠키
-그 첫 번째 이야기-

박동섭(신라대 교수)

신국판 | 반양장 | 384쪽(2도) | 14,000원 | 2011. 3. 25.
ISBN978-89-94044-22-4 93180

비고츠키?

비고츠키의 사상에 대한 완벽한 독해라고
하는 것은 있을 수 없다.

그 '완벽한 독해'라는 것은 오히려
비고츠키 사상의 핵심인 '순간 순간을 사는 아이'를
배반하는 역주행이다.

'쉬지 않는 복원' 이것이 비고츠키의 방법이고
우리의 비고츠키 이해의 방법이기도 하다.

그런 의미에서 이번 비고츠키에 관한 글쓰기는
'끝난 말' 혹은 '완결된 말'이 아니라 타자들의 응답을 기다리는 '미완의 말'이다.

자 이제 누가 이러한 필자의 '미완의 말'에
응답해주는 청자가 되고 또 그 말을 이어 주는
또 다른 '미완의 말'의 화자가 되어 줄 터인가?